U0843057

DUNHUANG

TONGSHI

冯骥才

著

THE PAINFUL HISTORY OF DUNHUANG

敦煌文艺出版社

甘肃·兰州

图书在版编目（ＣＩＰ）数据

敦煌痛史 / 冯骥才著 . —— 兰州 : 敦煌文艺出版社，2025.7
ISBN 978-7-5468-2310-2

Ⅰ . ①敦… Ⅱ . ①冯… Ⅲ . ①敦煌 (历史地名) —地方史 Ⅳ . ① K928.6

中国版本图书馆 CIP 数据核字 (2022) 第 250766 号

敦煌痛史

冯骥才　著

责任编辑：田　园　马吉庆
装帧设计：马吉庆
敦煌文艺出版社出版、发行
地址：（730030）兰州市城关区曹家巷 1 号新闻出版大厦
邮箱：dunhuangwenyi1958@126.com
0931-2131556（编辑部）
0931-2131387（发行部）

兰州银声印务有限公司印刷
开本 889 毫米 ×1194 毫米　1/32　印张 6.5　插页 4　字数 100 千
2025 年 7 月第 1 版　　2025 年 7 月第 1 次印刷

ISBN 978-7-5468-2310-2
定价：68.00 元

如发现印装质量问题，影响阅读，请与出版社联系调换。
本书所有内容经作者同意授权，并许可使用。
未经同意，不得以任何形式复制转载。

《敦煌痛史》再版序

20世纪末，我在长达一年半时间《人类的敦煌》的写作中，一边沉浸在被伟大的敦煌与丝绸之路激扬起的浩荡的思想情感之中，一边经历了一种异样而难堪的历史感受，即对敦煌文化的痛惜。这痛惜源自1900年灾难性的敦煌百年发现史，这其实就是近代中华民族文化命运的浓缩。在这个戏剧性的坎坎坷坷里，全是历史与时代的重重阴影。我清晰地看到它被紧紧夹在精明的劫夺和无知的践踏之间，难以喘息，无法自拔，充满了无奈。我们谁也帮不上历史的忙！这是中华文明史上的一个悲剧，一段痛史。

然而，我们并不绝望，因为光明总是在黑暗中出现。

在敦煌受难的时刻，一些杰出的知识分子出现了。他们虽然人数不多，都是一介书生，势单力孤，但他们张开单薄的手臂却紧紧拥抱和保护着这些岌岌可危的文化宝藏。他们置世间的享受于身外，跑到人烟罕至的大漠中守护敦煌，或远渡重洋去追寻被殖民时代的探险家们窃取的敦煌宝藏的踪迹，他们极尽艰辛，有的人为此耗尽终生。但他们这种超凡绝俗的文化责任、文化正气，深深地感染着我们！

一位学者告诉我，他在法国听到一个故事。据说20世纪初，一些在法国的中国学者得知伯希和把他从敦煌盗来的无比珍贵的中古时代的文书，放进了巴黎的国立图书馆。他们无法把这些古文书要回国，只能跑到图书馆，在借读这些文书时用毛笔一个个字抄下来。图书馆的管理人员明白了他们的意图，阻止了他们的抄录，告诉他们只能看，不能抄。他们被逼无奈，竟想出用一个匪夷所思的苦法子——他们先将文书一段段地背诵下来，记在脑袋里，然后借着去卫生间，悄悄记在一些小纸块上，再去誊抄另纸。这是对自己的文化多么赤诚的、爱惜的一代知识分子啊！然而在敦煌的劫难史上有多少这样痛彻人心和感动人心的故事。于是我生出一个念头，为敦煌写一本书。在文本上，我想像房龙那样，而对广大读者，尤其是青年读者，写一本敦煌受难和救难的"通俗史"，把这个历史明明白白告诉给年轻一代。我以为每一代人都有一种责任，就是把前一代最宝贵的东西传递给后人。对于敦煌来说，要传播和传承的就不仅仅是灿烂的文化本身，还有一百年来与中华文化的命运融为一体的知识分子那种高贵的文化精神和神圣的文化情感，因故有了此书；今天仍需传承这种精神与情感，因再版焉。

是为序。

冯骥才

2024. 仲夏

目　录　Contents

3	壹	湮没的敦煌
11	贰	出没在死亡之海的探险家们
19	叁	道士王圆箓
27	肆	千古之谜
33	伍	千年宝藏
41	陆	可怕的搭档
47	柒	玄奘的信徒
55	捌	四块马蹄银
61	玖	伯希和来了
67	拾	每天看一千卷
75	拾壹	惊动京华
81	拾贰	雁过拔毛
87	拾叁	文明大抢救
95	拾肆	华尔纳的胶水桶

103	拾伍	大漠美髯公
111	拾陆	万里归来髯带霜
121	拾柒	无期徒刑
129	拾捌	大漠上的孤坟
139	拾玖	无际无涯敦煌学
149	贰拾	敦煌完璧待何时

157　关于敦煌样式——为纪念藏经洞发现百年而作

177　为了文明的尊严——关于敦煌文物的归还

敦
煌
DUNHUANG
TONGSHI
痛
史

湮没的敦煌

敦煌真是个有灵性的地方,
它从来都是一种奇迹

一百年前,身在中原的人,很少会提到敦煌。只是偶尔在吟诵到唐人王维那句:"西出阳关无故人"时,幻想里才会出现那个远在天边的孤城。敦煌在人们的地理概念中,几乎是最边缘的一块极地。

它寂寞地陷在荒沙大漠里。

在那个时代,即使敦煌本地的人,也不知道自己的过去。小小城池四外的那些土夯的烽燧与城堞,只剩下奇形怪状的残骸。有的快被终年不绝的烈风吹尽,与地面含糊地消融在一起,几乎快分辨不出来了。有的则与雅丹地貌那些特有的鬼魅似的土丘混成一片。谁也说不清它们的年

❀ 莫高窟全景

❀ 沙海中的骆驼

龄和来历。至于阳关外那一大片开阔地上,有时大风吹过,忽然会非常神奇地露出一些古董。比如陶纺轮、青铜戒指、棋子、箭镞、车马饰、古钱等等。所以人们称它为"古董滩"。1996年,我和中央电视台的一行人去到那里,正赶上头天夜里刮大风,一位制片人居然拾到一枚有雕工的铜戒指。形制十分古雅,优美之极。但这些东西是哪里来的?这里曾是什么地方?仔细看,有时从地面上可以看到很清晰的一处处房基。它原是一座村落或村镇吗?再看那些随处可以拾到的古钱币,有一千年前唐代的开元钱,也有两千年前汉代的五铢钱,它竟然又是那么遥远!但什么缘故使它衰落、倾圮、几乎没顶于地平线了?至于玉门关外那条伸入戈壁滩的无穷无尽的古道,更是无从知晓它来自何处,通往何方?而且这条道从戈壁滩这坚硬的地面上凹下去几尺深。多少人走了多少年,才踩出这样一条令人惊心动魄的大道?

谁来回答?

历史去得太久,已经没有回声。

也许只有通晓历史的学者才能说出——这条古道始自汉唐中国的腹地长安与洛阳,它北上西行,穿过两千里长的河西走廊,抵达敦煌这里;然后穿过阳关和玉门关分做一南一北两条道,纵入浩瀚的新疆(那时称作西域)。在古代,中国的威胁与外来的恩惠全来自西方,所以这条至关重要的大道便遥遥穿过中亚诸国,再穿过万里之外西亚的安息和两河流域,直抵地中海南岸的埃及与北岸的希腊与罗马。这原是公元前后两千年人类几大文明往来交流的大动脉呵!

它就是著名的丝绸之路,而敦煌就处在这中外交流的咽喉要地。

无数在东方人看来无比新奇的西方事物,还有被西方人看作匪夷所思的东方人的制品,都在这里相互交流、交换、交汇!比如中国人发明的丝绸——所以这条路被纪念性地命名为"丝绸之路"!

可是,历史上曾经并没有"丝绸之路"的称呼。

它是德国地理学家李希霍芬在1868到1872年对中国进行7次考察后,才将这条"往返于西域的骆驼商队所走的道路"称作为"丝绸之路"的。到了19世纪末,欧洲史学界的文化传播派出现。这个流派的观点是"人类文明的进程是各种文明相互联系、冲动、借用和转移的结果"。这样一来,人们对丝绸之路的研究就分外关注了。

但这只是学术界的一种认识。对于丝绸之路本身,历史早已翻过那一页。至少七八百年前,随着"海上丝绸之路"的兴起,东西方的交流由陆路变为海路,整个中国——从政治中心到文化重心都由西向东转移,敦煌的位置便从最前沿一点点转变成大后方，并一步步衰落下来。

时间真是太漫长了。丝路上早已看不见人影。戈壁滩上连走兽与飞禽也很少出现。历史最大的无情是遗忘。敦煌和它往日那么灿烂而丰富的一切，差不多被人们忘得干干净净了。

可是谁料到，1900年——它竟然起死回生、奇迹般地"再现辉煌"！

敦煌真是个有灵性的地方，它从来都是一种奇迹。它这次突然一下子起死回生般、传奇般地重现在世人面前，更是一个奇迹。它不仅惊动了中国，也惊动了世界。

然而，别高兴得太早。这一次伴随着它的，却是一场旷古未闻的文化悲剧。

敦煌痛史
DUNHUANG TONGSHI

出没在死亡之海的探险家们

进入现代社会的人要用历史眼光认识过去

19世纪中期,更边远的新疆一带,时而会出现一个或几个面孔陌生的洋人。他们不像是来做买卖的商人。手里往往拿着一些从未见过的很奇特的器具,比方望远镜和绘图仪等等。当地的人用惊诧的目光望着他们,猜不透这些人的用意。

在那个时代,西方考古忽然热了起来。它显示了正在进入现代社会的人,开始要用历史眼光认识自己的过去了。西方人的考古,一方面在他们的本土上进行;另一方面则是由西向东进行发掘。从希腊、埃及,到西亚的巴比伦,再到印度,接下来是中国的新疆,一路上都是收获极丰。这种文化上的

敦
煌
DUNHUANG
TONGSHI
痛
史

"顺藤摸瓜"，无意间是在踩着中古时代东西方之间相互交流的足迹，也就是踏着当年的丝路和佛教东渐的路线，将久已被湮没的那段东西文明交流史活生生地挖了出来。

然而在那个殖民时代的特殊的背景下，西方人的考古不可能那么纯粹，它有意或无意地渗入了特定的殖民时代的"历史内涵"。这就是后边一系列悲剧的根本性的因素。

19世纪末，当西方考古的热潮来到中亚地区时，沙皇俄国和英国在中亚地区的势力对抗正在加剧，在新疆各地外来的洋人就渐渐多了起来。俄国人把他们的边界拼命推入中国，同时越过锡尔河与阿姆河，从北边进入新疆；英国人则通过他们的殖民地印度，由南部来到新疆。最初来到新疆的是一些考古和科学探险队。这些探险队往往肩负着的使命是进行地理测量与气候考察。这种活动是带有战略性的，当时的新疆人根本不明白。至于政府官员，也看不到这些活动后边的"深谋远虑"。而此时，中华帝国的皇城——北京那边，随时都可以进入列强们大炮的射程。人们的目光都盯着东南一边的脆弱与危机四伏的海疆，没人会注意这边远的荒漠中偶然出现的三三五五个洋人。

然而，激活考古活动的还是靠着考古本身的重大发现。

🌸 三危山远眺

1889 年，在喀喇昆仑山口出现了一件意外的事。一位富有的英国探险家安德鲁·达格列什，被一个来自阿富汗的凶厉的汉子杀害。这个阿富汗人名叫多德·穆罕默德。为了抢劫安德鲁·达格列什，朝他开了火，然后乱刀砍死。英国政府当即任命大尉鲍威尔到中国来办案。鲍威尔追捕凶手到达库车。他没有抓到那个狡猾的阿富汗人，却意外得到一本

敦煌
DUNHUANG TONGSHI
痛史

古书的原稿。这原稿是手写到桦书皮上的，共五十一页，样子极其古老，文字也很古怪，全是斜写的，像豆芽菜一样，根本无法看懂。后来鲍威尔把它拿到印度，经印度的大学者霍恩雷的鉴定，竟是世界上现存最古老和久已失传的中亚婆罗谜文写本。这件事惊动了西方学术界，为了纪念鲍威尔的这个"发现"，史学界给这无价的写本命名为"鲍威尔古本"。不久法国的杜特伊·德·兰斯探险队，在和田地区也获得同样古老和珍奇的佉卢文贝叶本《法句经》。

这些信息强烈地刺激和诱惑着西方的学术界，尤其是考古界向来有很强的发现欲，他们的反应十分敏锐与迅速。随即英、德、日、芬兰、瑞典、普鲁士等国就组织起探险队，来到新疆，而且立即都得到惊人的收获。

1895年的秋天，年轻的瑞典探险家斯文·赫定翻过巍峨的帕米尔高原，到达中国边境的小城——喀什。在这个绿洲上的城镇中，他听到许多美妙的传说。都说有一些堆满财富的古城，就埋在那个恐怖又暴虐的塔克拉玛干大沙漠的深处。人们只是说说而已，连传说这些故事的人也并不当真。斯文·赫定凭着他考古的天才和灵性，坚信这些传说是真实的。塔克拉玛干气候酷烈，骄阳似火，终年无雨，寸草不生。

🪷 斯文·赫定

正午的气温五十度,除去偶见的粼粼兽骨,一无所有。没有任何生命从这里生出来。只有生命在这里死去。人称"死亡之海"。在历史上,除去两位去西天取经的和尚玄奘和法显走过那里,从此再没人敢走进去。但斯文·赫定去了,他在里边吃尽苦头,几乎丢掉性命,但是他在那里发现了消失千年的迷人的古城——楼兰。

于是就有更多考古学家来探险。他们所走的道路,就是沿着塔克拉玛干大沙漠的一南一北,由西向东而行。他们没

敦煌
痛史
DUNHUANG
TONGSHI

有一个不是收获巨大。那些沙漠里荒废的古城,到处是千年前的器物。在倾圮的寺观与佛塔中,常常可以找到古老的写本与绘画。新疆的遗存和任何别的地方的遗存都不同。它既不是在地面上,也不是深深埋在地下,而是在当年废弃后,被风沙遮盖起来。只要掀起这层黄沙,一件珍奇的古物就出现在眼前!这对于考古学家来说,简直比神话还神奇!

这些古物,全是东西文化大交流时代的创造,想象之浪漫,形象之奇特,都是前所未见,而且带着极强烈的历史气息。对于已经把丝路历史忘却千年的整个人类,每件古物的发现,都如同把一部分消失的往日呼唤回来。这便吸引着这些探险家们在辽阔的西域展开了一场空前的文化搜寻。他们不放弃任何一处遗址。所到之处都是狠挖一通,能搬走的全部搬走,墙上残存的壁画也都用刀子割下来。他们确实是一些训练有素、经验丰富、极能吃苦耐劳的考古探险家。从19世纪80年代到20世纪20年代,前后不过三四十年,他们把新疆一百六十多万平方公里上的所有沙埋的古城——高昌、楼兰、尼雅、交河、且未等都挖了出来,所有遗址都翻了一遍,所有历史遗存差不多全都拿空了。从此以后,新疆考古竟然再没有什么重大发现。

然而世界上哪里还有这样的彻底的文化清洗？

到了 20 世纪初，他们把新疆搞得差不多了，便一路向东，进入甘肃，而更大一块肥肉敦煌就摆在这必经之路的路口上。

第一位与敦煌打交道的探险家是英国人斯坦因。他是 1907 年 3 月来到敦煌的。但来到敦煌之前，他完全没想到会遇到 20 世纪人类最重大的考古发现之一——敦煌藏经洞文献。

敦煌
DUNHUANG
TONGSHI
痛史

道士王圆箓

历史不仅选错了角色，
也选错了时间

　　说到藏经洞，第一句要说的话是：当藏经洞里的千年宝藏横空出世时，历史居然安排王圆箓这样糟糕的人物来担当主角，真是一个极大的错误！

　　但历史是不能修改的，只能是这样——王圆箓为湖北麻城人。年少时逃避灾荒，四处奔波，后来流落到西北，在酒泉的巡防军内当过一名士卒，退伍后出家，随同一位名叫盛道的老道，修炼成为一名道士。虽然文化很低，但道士做得十分虔诚。1898年，他云游来到了敦煌的佛教圣地莫高窟。一到这里，他立刻被看到的景象迷住了！

　　莫高窟在敦煌城东南二十五公里的戈壁滩上。原是一座

敦煌
DUNHUANG TONGSHI
痛史

名叫鸣沙山的光秃秃的山崖。传说十六国时,一位叫乐僔的和尚路经这里,忽见山上金光四射,好像有千万尊佛同时出现。于是就在崖壁上开凿了第一个佛窟。从那时开始,代代开凿,千年下来,这山崖就像蜂房一样高高低低布满洞窟,里边全是精美的壁画与塑像。所以莫高窟又有千佛洞之称。王道士来时,莫高窟已经很古老。许多低处的洞窟被泥沙埋没,高处的洞口也给流沙堵死,洞外木质的扶梯与栈道多已朽坏。但它灵气未绝,仍然是一派神圣的气象。一些洞窟还被信男善女应用着。参拜礼佛的人们络绎不绝,香火很是旺盛。

王圆箓对佛教一窍不通,但在泛神的中国民间,佛道之间的界限十分模糊,甚至混为一体。他便决心在莫高窟安顿下来。王道士对佛教很尊重,而此时住在莫高窟的和尚大都是喇嘛,信奉藏传佛教,不会用中文诵读佛经。王道士识些字,就为佛教徒念经,还四处募款,修缮洞窟,很受佛教徒的欢迎。但他心里惦着的,还是他的道教。他发誓要在莫高窟建一座道教的太清宫,并筹划将几个洞窟打通,改建为一座道观太清宫。如果他真的在这个佛陀的世界里建起道教寺观来,那会不伦不类,非常可笑。

他选中的用于改建为道观的洞窟,窟室很大,又高又深,

🪷 王圆箓（1849-1931）原作元录，俗称王道士，湖北麻城人

一条挺长的甬道通到洞口。这个洞窟人称"吴和尚洞"。吴和尚名叫洪䇲，是唐代的一名僧团首领，在当地很有权威。这洞窟是他担任唐代河西都僧统时开凿的，但时间已过去一千年。洞窟早已废弃，大漠吹来的黄沙不仅拥在洞口，还把甬道也深深埋了一半。

王道士雇了一些人，把洞口与甬道的流沙全部清理干净，

敦煌
DUNHUANG TONGSHI
痛史

居然还将洞中佛像打碎，塑起一尊道教的灵官。这天，工间休息的时候，一位雇工杨某在甬道上靠墙而坐。墙壁上画着一大排很高大的供养菩萨，但已经很古老，上边有很多细长的裂缝。这位杨某吸旱烟。照当地的习惯，用芨芨草燃火点烟，燃余之草便插在身后墙壁的裂缝上，以便烟灭了，随手取草点烟。芨芨草很长，可是这天往墙缝里一插，竟然掉了进去。杨某觉得奇怪，屈指敲敲墙壁，咚咚地响，里边竟是空的。他就将这不可思议的情况告诉王圆箓。待打开一看，里边竟然还有一个洞窟。钻进去一瞧，他完全呆了，洞里竟然像一座小山一般堆满了古代的经卷、文书、佛画和法器！

人间罕闻的宝藏就这样被发现了。这个藏宝的洞就是后人所称的藏经洞了！

这一天是 1900 年 6 月 22 日。

义和团正在中国的滨海名城天津的租界里，与八国联军殊死搏斗。整个民族危在旦夕！谁会往这渺无人迹的荒漠与阴冷黝黯的石室里望一眼？看来，历史不仅选错了角色，也选错了时间！

生不逢时。这也许就注定了敦煌宝藏的灾难性的命运了！

尽管王道士识些字，却完全不懂得这些东西的价值。在

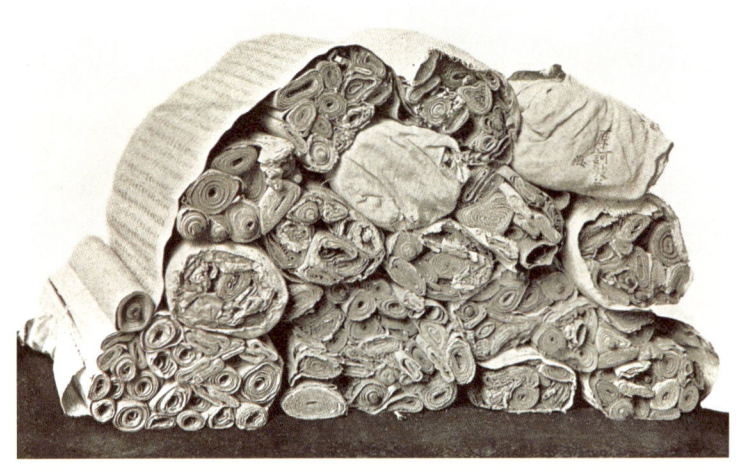

🪷 藏经洞中的敦煌文书

他眼里,最多只是些破古董而已。当然,他知道古董也值几个钱,便先从敦煌城内请来几位士绅,想用这些东西跟他们换些银钱,好修建他的太清宫,但士绅们毫无兴趣。他装了一箱子经卷文书,送到他昔日在酒泉当兵时的老上司安肃道台陆廷栋那里。陆廷栋居然认为这些经卷上的字没有自己写得好,也完全不当回事。王道士就时不时拿出一点,当作礼物送给当地的官绅,以换取他们的募捐。这些东西就开始零零散散在西北地区流散开来。

1902年,金石学家叶昌炽到兰州来做学台。听说敦煌

敦煌痛史
DUNHUANG TONGSHI

发现一些古代写本,还有佛画,便请敦煌县令汪宗瀚替他找些看看。他是个行家,一看拿来的东西,立刻判断这是些了不得的文物,马上建议甘肃省当局把藏经洞的文物全部运到兰州保管。但这样做需要五千两银子的经费,还至少得用七辆大车。可是省里怕这笔花费,推说费用无法筹措,就下令敦煌县令汪宗瀚去查封藏经洞。

汪宗瀚受命,于1904年3月将藏经洞文物就地封存。但他只是一个庸官,念过书,但完全没有文化意识。照官场的习气,凡是公事,敷衍了事。他根本没有认真查点、开列清单,只是把这一洞的宝物推给了王道士来看管。

在当时的官场中,明白人只有叶昌炽一人。但叶昌炽毕竟也是个官儿,虽然懂得这些东西的文化价值,却毫无责任感。他屁股一直坐在衙门里,根本没有亲往敦煌查看一下。等到四年后,他听说一个外国人把弄走的敦煌写本拿到北京展览时,文化的良知方才苏醒,心中懊悔不已,但那时已然回天无力了。

敦煌莫高窟藏经洞《报父母恩重经变》绢画图轴(北宋)

敦煌
DUNHUANG
TONGSHI
痛史

千古之谜

藏经洞之谜,已成为中国文化史上最大的永难破解的谜

这里,暂且把藏经洞下边的遭遇放一放,说说这藏经洞到底是怎么回事。它原先究竟是做什么的?为什么封闭起来?到底是谁把这么多宝贵的东西藏在里边的?为了什么?这肯定是我们先要弄明白的问题。

藏经洞属于"吴和尚洞"的一间耳室,面积只有八点六五平方米。原是吴和尚洪䛒平日坐禅的地方。吴和尚去世后,他的弟子们就凿了一个禅床式的石坛,上边塑了他的泥像,作为纪念。还在他身后的墙壁上画上菩提树、净水瓶、执杖侍女以及举着团扇的比丘尼,表达对他的敬意。此外,西南的壁龛内还嵌上一块石碑,铭刻他平生的善行与功绩。

🪷 藏经洞第 16 窟甬道，右侧的洞口即为藏经洞

这耳室就成为纪念这位高僧的一个影窟了。

　　这个洞的开凿时间大约是在公元 9 世纪中期，封闭时间是在 11 世纪初。但它为什么会堆放这么多文书经卷？到底是什么特殊和意外的缘故，迫使它封闭起来后再画上壁画来伪装？一百年来，众说纷纭，猜测不已，可是谁也没有把它说清楚。这就使藏经洞愈发的神秘与诱惑。

　　通常的说法是，宋代末期莫高窟的和尚们为了躲避西夏人的侵袭，悄悄将这些文献和写本封存洞中。理由是藏经洞文献中没有西夏文的写本。按逻辑推论，肯定是藏经洞封闭在前,西夏人入侵在后,故而洞中没有西夏时代的写本。这种推断听似简洁清晰,十分有理,但是推断者有一个重要的疏忽,就是西夏占领敦煌是 1036 年的事,而藏经洞文献中最晚一份的纪年是 1002 年,中间相差三十四年。莫高窟的和尚怎么会提前几十年就猜到西夏的入侵,并做出如此保密性极强的行动?

这个反问,实际上就把上面的论断推翻了。

另一种说法是藏经洞的经卷多为卷轴式,而自公元 10 世纪末期,折页式的经文已经流传开来。这些老式经卷失去实用意义,故而封存起来。这个说法听来也有道理。但是,这种封存是很正常的,封存后为什么要画上伪装呢?显然不能自圆其说!

还有一种说法,认为藏经洞封闭与敦煌内部的权力斗争有关。公元 10 世纪与 11 世纪之交,敦煌遇到有史以来最大的麻烦。在外部,东边是刚刚崛起的西夏党项人,势头逼人;西边是与佛教为敌的哈拉汗王朝,随时可能纵骑而至。哈拉汗王朝大肆毁佛,并对信仰佛教的于阗国发动圣战;如果他们到来,莫高窟肯定要经受一场灾难。在内部,也正是 1002 年,敦煌权贵曹氏后裔曹宗寿为了争夺权位,逼使他

敦煌

DUNHUANG TONGSHI

痛史

🪷 莫高窟木制窟檐（宋）

的叔父、原归义军节度使曹延禄自杀。局势可谓错综复杂，凶险四伏。在这严酷的形势下，封闭藏经洞文献已成了大势所迫。可是，这仍然只是一种猜测，没有任何具体的依据作为凭证，哪怕是一个也好。

没有一个说法可立住；可是更离奇的说法却不少——

据说，在流散到海外的敦煌遗书中，曾发现两件很晚的

写本,一件是宋代天圣九年(1031年),一件竟是清代康熙二十一年(1682年),这一信息曾使人惊讶不已!因为藏经洞封闭的时间必须晚于洞中文献的纪年。如果真有一件更晚的文献,整个封闭的理由又会成为一个全新的神话。可是,有人怀疑这两件写本不一定出自藏经洞,很可能是在敦煌其他地方出土的。于是,一切又回到扑朔迷离之中。

各种说法各执一词。只要有一种听来可信的说法,就会招致一种相反的说法来否定。什么时候才会找到事情的真相?同样没人能回答。

一百年来,藏经洞之谜,已成为中国文化史上最大的永难破解的谜。人们之所以如此关注藏经洞,最根本的原因,还是由于洞中遗书那无可估量的巨大的历史文化价值。

那么,接着的问题又来了:

这藏经洞的宝藏究竟都是什么?

敦煌
DUNHUANG
TONGSHI
痛史

千年宝藏

> 发现藏经洞,就是发现了千年前中古时代的整个中国

在这堆积如山的藏经洞的宝藏中,最重要和价值最高的是文书写本,所以藏经洞宝藏又被称作藏经洞文献或敦煌遗书。

藏经洞文献包括佛教经帙和典籍文书两大部分。大多是卷轴式的写本。所以从照片上看,它一卷卷和一层层堆得很高。

藏经洞文献约五万件,其中经卷约三万件。所有文献基本上全是手写的。它们始自晋代,及至宋末,中间历经七个世纪。这样数量巨大的手写文献真迹,多半又是孤本与绝本,谁能估算出它的总体价值!这么说吧——这五万件中,拿出

敦煌痛史

DUNHUANG TONGSHI

其中任何一件都是"罕世奇珍"！

在佛教文献中，许多是《大藏经》中的佚文佚经。有的抄本年代早，对后来的传世本具有极其重要的校勘价值。有的经卷在印度连原始的梵文本都已经散佚了，其意义就更加深远。

文献中大量的寺院文书，尤为宗教史家注目。这些发现的本身，使我们第一次周详地了解到中古时代寺院的日常生活。而佛教之外，一些关于道教文献，都是过去不曾见到的。过去人们对摩尼教、祆教以及来自叙利亚的景教，知之甚少，但洞中的几个卷子，就把那个神秘的历史角落曝光了。历史的空白一下子全给有血有肉地填满。

在藏经洞内，凡重要的儒家典籍几乎全能找到。古代的著作都以传抄和重刻的方式流传下来，中间最容易发生错误。这些早期的抄本便会捧出历史的原貌来。在这些古本书中，还有一些著作如王粲的《晋纪》、虞世南的《帝王概论》、孔衍的《春秋后语》等，都是第一次见到的。至于从洞中首先发现的非常丰富的古地理资料，以及大量的官家文书和世俗文书，给我们淋漓尽致、浩瀚又具体地展开了中古时代的生活全貌。

藏经洞内最晚的卷子
《咸平五年曹宗寿捐造藏经题记》

藏经洞内还保留大量珍贵的文学作品。许多歌辞、俗赋、白话诗、话本,全都是从未见过的。至少有数百首诗——包括唐代大诗人韦庄的长诗《秦妇吟》,都不曾收录在《全唐诗》中。还有从寺院中"俗讲"演变出来的"变文",早在宋真宗时被明令禁绝,但这次它们竟然大量地从藏经洞冒了出来。由于这些重要作品的出土,大大扩充中国文学的历史宝库。

比文学更有价值的,还有大批医药、天文、历书、星图、农业、科技、算术,乃至儿童的启蒙读物。从更广的范围看,这些文书还涉

敦煌
痛史
DUNHUANG
TONGSHI

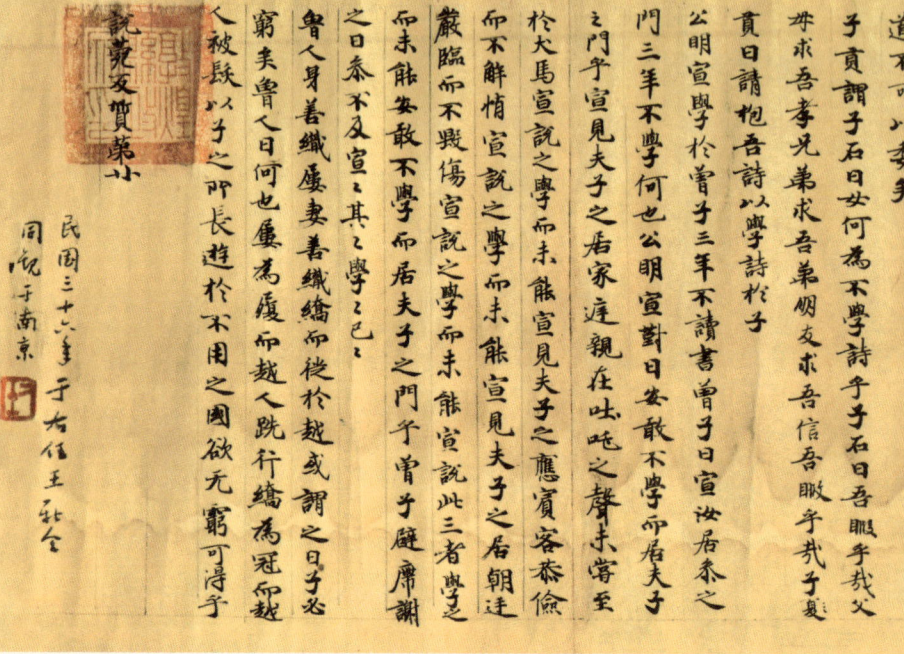

敦煌卷子《说苑》

及针灸、兽医、矿业、化学、气象、兵器、冶炼、工具、食品、植物、动物、音乐、酿酒、药物、制毯、制糖、造车、造纸、养蚕、星占、丝绸、印花、印刷、雕版、婚丧、民俗等领域。人间万物，世间万事，几乎无所不包。

这里有：

我国第一部正式药典《新修本草》；

最古老的针灸专著《吐蕃灸法残卷》；

最古老的针灸图谱《灸疗图》；

最古老的染发剂《染髭发方》；

最早治疗猝发心脏病的药方《辅行诀脏腑用药法要》；

最古老的图经《沙州都督府图经》；

最早的佛经《法句经》；

最古老的报纸《进奏院状》；

最早的汉语剧本《释迦因缘剧本》；

最早的应用文写作大全《敦煌书仪》；

最早的词《敦煌歌辞》；

最早的星图《全天星图》；

最古老的数学著作《立成算经》；

最古老的从西亚引进的星期制日历《敦煌日历》；

最早的楹联，最早的标点符号，最早的广告，最早的学生作业……

这里无法将洞中所有珍罕的书籍文献全部开列出来。如果我们再看看各种文字的写本——古藏文、粟特文、于阗文、龟兹文、梵文、回鹘文、希伯来文等，更会对藏经洞内含的博大精深感到震惊。这些各个民族文字的写本本身，就显示了一千年东西方各民族之间交流的广泛与相互的主动，使我们对人类历史真正的交流有了深入的认识。

藏经洞这些写本的每一个环节都有着珍贵的价值。它每个写本所用的纸都是千年古纸；它每个写本上的字迹，都是中古时代的书法真迹。它们无一不是无价之宝。还有一些刻版印刷品，是现存最古老，而在当时又是世界最先进的。从藏经洞出土的唐太宗《温泉铭》、欧阳询《化度寺邕禅师舍利塔铭》、柳公权《金刚经》等，都是如今能见到的最久远的拓本了。

唐咸通九年（868年）印本的《金刚经》，卷首有一幅《释迦牟尼说法图》，线条精美，刀法纯熟，今天也很难雕刻得出来。它不仅是中国现存最早的版画，比起德国的古版画《圣克利斯道夫》（1423年），还要早500年。它被誉为"世界印刷史和版画艺术之冠"！由于一千年前，中国走在世界的前沿，很多文献的价值都是世界性的。

别忘了，这里还有失传千年的琴谱、乐谱、舞谱、棋经！那么多佛画、绘画、纸画和佛教人物画！

世界上哪里还有这么浩瀚无涯的古代文献？如果说打开古埃及的图坦卡蒙墓，找到了一个逝去的法老的世界，那么发现藏经洞,就是发现了千年前中古时代的整个中国,以及千头万绪的人类文明的线索。

也许正是这样,刚刚重见天日的藏经洞文献,很快就陷入了人类文明史上最无情、最惨重的悲剧。

那些穿过死亡之海的探险家们正在一个个向这里走来!

敦煌
DUNHUANG TONGSHI
痛史

可怕的搭档

他们是一对连体的老虎,
一对类似狼与狈那样可怕的搭档

第一个来到藏经洞取宝的西方人是斯坦因。

斯坦因在西方考古界是位大名鼎鼎的人物。

他坚强又狡猾的个性,他在中亚充满冒险经历的传奇故事,他若有神助般的考古收获,以及他最终获得的荣誉,令后辈的考古学者艳羡不已。

此人出生在匈牙利,后来入英国籍。个子矮小而结实,天生的精力旺盛,作风实干,善于谋略,而且非常主动,碰到机会决不放过。他还富于语言天才,精通德、法、匈、英、希腊、拉丁,波斯文字和梵文,还会说突厥语。对于考古学家来说,他这种功夫十分过硬。在大学他专攻中亚史、印

度和波斯史。服役前学习过地理测量与绘图。他很幸运——他所学的,在以后的探险生涯中全都使用上了,一样也没白学。

他二十二岁在牛津大学学习考古专业,又在大英博物馆干过一阵子研究,经英国学者劳森推荐去到印度的一所东方语言学校担任校长。这就正好可以施展他实地的考古才能了。

❀ 英国考古学家斯坦因
（1862—1943）

他在西方人对中国西部的考古发掘的热潮中,先后四次进入中国。第一次是在1900年至1901年。这一次他的足迹只局限在新疆南部的和阗一带,没有到新疆东部,更没进入甘肃。但此时敦煌的藏经洞已经被王圆箓发现了。

这次探险结束后,他回到印度,从匈牙利地质调查所所长洛克齐那里听说,甘肃的敦煌千佛洞有大量壁画和雕像,精美绝伦。此时,已有不少国家的探险队都争先恐后地从新疆的佛窟与倾圮的寺庙中割取美丽的壁画,可是还没有人知道敦煌。他想,他应该抢先一步到敦煌,把壁画弄到手。这就促使他第二次雄心勃勃的中国之行。

1906年4月,他到达新疆疏勒后,最重要的事是要聘请一位能干的中文译员。斯坦因完全不懂中文,他的第一次中国之行,由于聘请的译员嗜好赌博,给他带来许多不便。这次他要去遥远的甘肃,又是一处佛教的画窟,如果译员不力,麻烦会更大。

他找到昔日相识的阿克苏道台潘震。潘震很替他用力,提笔为他写了一封介绍信给当时的敦煌县令王家彦(此时已不是汪宗瀚了),还把一位名叫蒋孝琬的人推荐给他做译员。潘震不知道,这个推荐等于葬送了藏经洞;斯坦因也不知道,他日后"惊人的成功",竟然一半以上来自这位个子瘦长而干练的中国男子。

但是,以斯坦因的精明,他很快看出来,蒋孝琬的作用远远不止于一名译员,或者干脆就是他的一个搭档!

这个湖南出生的中国男子,有着和他一样充沛的精力,做事勤快和爽利,头脑灵活,有出色的说服别人的能力。难得的是,他的古文化修养很好,能鉴定文物,而且居然也能

敦煌痛史
DUNHUANG TONGSHI

懂得考古。有一次，他们在一座残破的佛塔旁，发现一大堆极薄的木片片，像是用刨子刨的，但上边写满了汉字。大家都弄不懂这是做什么用的，蒋孝琬却判断出这是一位古人用来进行书法练习的。他说，这位古人用木板练写字，每每写满字，就把这层字刨去，然后再写，写满了再刨，于是就成了这些带字的木片片了。斯坦因很佩服他的想象力，而考古学家就需要这种具有想象的判断力。

蒋孝琬还有一种女人般的细致，能够把事情做得周密和妥实。这样他实际上就是斯坦因这支考古队的总管了。一切人吃马喂全由他照料，里里外外的事靠他张罗着。斯坦因无法与那些雇用的当地劳工进行语言交流，就全由他来担当"桥梁"，他把考古队内的关系搞得顺顺当当。斯坦因是个"发现狂"，每见到一座古墓，就恨不得刨地三尺。蒋孝琬便在一旁，把挖掘到的每件古物都用笔详细地记录下来。后来当斯坦因把这些东西弄回英国，入藏到大英博物馆时，就全凭着他这些十分精确的记录了。他的主动配合的意识，使斯坦因高兴至极。可是，狡猾的斯坦因还是在想，这位中国人为什么如此慷慨地贡献出他的全部天赋和能力呢？绝不仅仅为了每月有限的十两银子的酬劳吧。他想，可能是因为他与蒋孝琬的上司潘震很熟。他这样卖力,是为了间接地讨好潘大人吧?斯坦因是个很实际的人,他很会用功利关系来把握别人。他便暗示蒋孝琬,他会为蒋孝琬出力谋取一个好职位。不管斯坦因的猜想对不对,但他一直在设法掌握住蒋孝琬,利用好蒋孝琬。

很快,斯坦因发现他和蒋孝琬已经成为一对十分默契的搭档。这可不是件很容易的事。因为,斯坦因不懂中文,蒋孝琬也不懂英文。唯一能沟通的是,两人都会说突厥语。但他们就凭着这种古老而生涩的突厥语,两人之间毫无障碍。

对于看守藏经洞的王道士来说,他将遇到的可就是一对连体的老虎,一对类似狼与狈那样可怕的搭档。

敦煌
DUNHUANG
TONGSHI
痛史

玄奘的信徒

藏经洞被打开了,这是文化史上最荒诞也是最可悲的一幕

1907年3月,斯坦因一行裹着寒风和沙尘来到敦煌。进了城便去拜访县令王家彦,呈上了潘震亲笔的介绍信。王家彦热情接待了他。那时,西方考古学家到中国来发掘,都得先和地方官们搞好关系。有了这层关系,下边的事就好办得多。于是,这次见面,后来就成了蒋孝琬向王道士展示自己官方背景的资本了。

斯坦因此行的目的,原本是为了获取莫高窟的壁画。但很快他从一个乌鲁木齐商人那里得知,敦煌藏经洞发现了一批古代文书写本,看守人是道士王圆箓。

斯坦因即刻出发到了莫高窟。他一眼看到戈壁滩上一处

金黄色的山崖上,一大片足有几百个洞窟,里边全是华美和灿烂至极的壁画,真的惊呆了。但是他发现莫高窟的一些佛窟仍在被使用着。无数善男信女来到莫高窟礼佛。他从来拜佛的百姓那里得知,莫高窟是人们心中的圣地和天堂。他怕犯众怒,不敢对壁画下手。而这时,王道士不巧外出化缘募捐去了。他在几天彷徨的等待中,偶然发现一个小和尚手拿着一卷古老的手稿,他要来一看,古雅至极,并透着年代久远的气息。经蒋孝琬鉴定,正是一件珍罕的古代写本。再打听,就是藏经洞的东西!他一下子便感到藏经洞的深厚与非凡了。可是王道士不知何时归来,他们怕待在莫高窟太招眼,只好暂时返回县城去等,同时不失时机地去到敦煌城外汉长城烽燧的遗址,一个个地去发掘。

这一带的汉长城从未被发掘过,里边的一切,就像当年一样。每个烽燧的灰堆(垃圾堆)里边,几乎都可以找到一些两千年前的遗物。比方汉简,在世上已经绝难觅求,但在这些灰堆里,一挖就是好多。这对于满怀着寻宝心理的西方探险家来说,简直刺激得发狂。可是斯坦因的心,还是放在莫高窟一边。因为他知道那边的东西一定更有价值。

5月21日,他们再次来到莫高窟时,王道士已经回来。

敦煌
DUNHUANG TONGSHI
痛史

斯坦因看见藏经洞被石块和木板堵得严严实实，心里很沮丧；而且通过短暂接触，他发现这个脸颊上有着深深皱纹的道士，处世老到，精明狡诈，很难对付。他刚提出想看一看藏经洞，马上就被王道士断然拒绝。任何人都会感到绝望了。

斯坦因却很老练，沉得住气。他决定在莫高窟停留下来，慢慢寻找机会。为了不招惹百姓与官府的注意，他们在莫高窟外的一处僻静的小树林深处支起帐篷。一切与王道士打交道的事，全由蒋孝琬出面去办。他只是偶尔通过蒋孝琬与王道士聊聊天，但绝口不谈藏经洞，不触及敏感点。

一次，斯坦因从王道士口中得知，王道士对唐代高僧玄奘九死一生奔赴印度取经的精神十分敬仰。玄奘当年就是通过敦煌，穿过死亡之海，去往印度的。这里关于玄奘有了许多传说，王道士还叫画师把玄奘的一些故事画在他所居住的下寺的墙壁上，看来他对宗教还真的很虔诚呢！由此，斯坦因忽然联想到，他节衣缩食，用个人节省及行脚僧式化缘得来的钱，去清理堵塞石窟的流沙，开掘通道，为教徒们修复这些拜神的场所，这不都在表现着一种异乎寻常的虔诚的宗教情感吗？原来这个精明练达的道士还有非常执着的一面，而这正是一个人可以被攻破的脆弱的一面！

斯坦因找到了突破口。他便通过蒋孝琬向王道士表示,自己也是玄奘的一个追随者和崇拜者,他从印度千辛万苦,翻山越岭,跋涉万里,访问过许多当年玄奘朝拜过的寺院,就是为了寻找当年玄奘从印度带回来的那些经卷。可是他的赤诚无人能理解……

斯坦因的计谋,果然发生了神奇的效力。

当晚,斯坦因扎营在小树林的小帐篷的门帘忽然掀开,蒋孝琬钻了进来。他满脸喜悦,眸子发光,暖炉里的炭火把他清瘦的面颊映得明亮生辉。他弯腰从宽松的黑袍子里拿出一卷古老的中文经卷。这正是王道士从藏经洞拿出来交给他的。

跟着,更奇异的事出现了。蒋孝琬发现这古老的经卷,居然正是玄奘本人从印度带回来的佛经,而且是玄奘本人翻译的,上面还有玄奘的名字呢!

这巧合未免太离奇了,但它毕竟是事实!也许这正是一种天意,更是一种命定的不可抗拒的灾难。斯坦因有点发呆,他真的感到自己得了神助;王道士知道后,更感到这是玄奘在天之灵的一种暗示,不能再违抗了。

就这样——藏经洞被打开了。

悲剧的大幕被拉开了。这拉幕的两个人,一边是无知而愚蠢的王道士,一边是精干和媚外的蒋孝琬。一个是没文化的人,一个却是很有文化的人。他俩居然一齐使劲共同把这大幕拉开,使斯坦因跳上台来,施展本领。

这真是文化史上最荒诞也是最可悲的一幕了。

舍利子以一切法本性皆空畢竟推徵不可得故時舍利子問慈氏言仁者所說法為如所證不慈氏答言我所說法非如所證所以者何我所證法不可說故時舍利子作是念言慈氏菩薩覺慧甚深長夜修行甚深般若波羅蜜多能住是說念尒時世尊知舍利子心之所念即便告曰於意云何汝由是法成阿羅漢為見此法是可說不舍利子曰不也世尊佛言菩薩行深般若波羅蜜多所證法性亦復如是不可宣說是諸菩薩方便善巧不作是念我由此法於大菩提已得受記今得受記當得受記不住是念我由此法當證菩提若諸菩薩能如是行是行般若波羅蜜多

敦煌遺书·法藏《大般若波罗蜜多经卷》手稿（局部）

敦煌
DUNHUANG
TONGSHI
痛史

四块马蹄银

> 四块马蹄银,弄得这么巨大的宝藏

斯坦因站在藏经洞前。过了许多年,他还深深记得这一刻。他在《沙漠契丹废墟记》里,记载下当时的感受:

当我看到渐渐显露出来的小洞时,我的眼睛都瞪大了!卷子一层层堆积起来。在王道士昏暗而微小的烛光里,它高达足有十英尺,整个手稿近五百立方英尺!

他惊讶得完全说不出话来。他感到身心震动和目瞪口呆。

大致十五年后,英国的另一位考古学家霍华德·卡特借着摇曳的灯光,注视着尼罗河畔国王古埃及法老图坦卡蒙那间幽暗的墓室时,也是这样的身心震动和目瞪口呆。

可是,斯坦因明白,这些东西是被官府封存了的,若要

🪷 斯坦因在敦煌一带盗掘文物

公开去搬运是危险的。斯坦因便躲在帐篷内,根本不露面。天天夜深人静,由蒋孝琬一人到藏经洞去搬。蒋孝琬先把这些成卷的写本抱到外边一个大洞里,用布帘遮挡着,以防别人看见。再抱起来一趟一趟地从山崖下运到远处小树林中的帐篷里。蒋孝琬发现这些写本有些是用梵文写的,有的是用于阗文写的,有的则是用中亚细亚各种文字写的。这种文本,世间早已失传,这里竟有这么多啊!他还发现很大一个布包,里边全是非常精美的古画,有绢本也有纸本,还有丝绸的佛像,全都美丽至极,珍贵至极。他一猫腰,把这些画全抱出洞来。这样往返搬了整整七个夜晚。东西愈来愈多，实在抱不动了。他就弄来一辆车拉。等到东西弄进小帐篷，蒋孝琬还要给斯坦因解释每一个写本的内容，再由斯坦因决定哪件要，哪件不要。如果没有蒋孝琬，斯坦因面对这些古汉语的文献，就会如读天书。

斯坦因不懂汉文，但画是谁都能看懂的。蒋孝琬弄来这一大包画，至少三五百件，古老又美丽，全是唐宋时代的作品。在世上，宋画十分珍罕，唐画早已绝迹，其价值不可估量。斯坦因看得兴奋如狂，竟一揽子全要了。

随后的事，就是怎么把这些东西弄到手。斯坦因正在扮演着"玄奘信徒"的角色，不好出面讨价还价，谈多了就会露馅。这种事就全由蒋孝琬出面，与王道士磋商和周旋。蒋孝琬使出不少不为人知的小招数。当然最有说服力的理由，还是说斯坦因来到莫高窟的目的，就是要把这些当年玄奘取来的经卷，送回到印度的"学术寺庙"中去。这理由不可抗拒，王道士彻底顺从了。王道士答应他们从藏经洞取走部分文物，包括九千多件文书写本，五百多轴唐宋佛画。这些写本文书是藏经洞文献的五分之一，绘画作品却是洞中藏品的绝大部分！斯坦因拿出四块马蹄银，给了王道士，但他不说买，而是强调这是支援王道士修建寺观的。既然是"支援"就不能计较多少。如果是出售的话,价钱绝不会这么低,四块马蹄银只相当二百两银子。平均到每份卷子上只有二分银子。但只花这样低得惊人的钱就弄着这么巨大的宝藏,足以显示斯坦因和蒋孝琬的厉害了。

可是,如果没有蒋孝琬,斯坦因会用四块马蹄银就得到如此巨大的宝藏吗?相反,斯坦因多半会一事无成!

蒋孝琬也是个文化人,并且深知这些东西的价值。但我们无论怎样想,也想不出他这样做的动机。他所做的,就像刨开自己的祖坟,把祖先的尸骨挖出来,交给了一只狼。

我们只能说,这是中国文化人中一个十足的败类!

1907年6月13日,斯坦因把弄到手的敦煌文物装入木箱,其中文书写本二十四箱,绘画及文物五箱,总计二十九箱。他们把这些大箱子抬到骆驼背上,乘夜摸黑离开了莫高窟。大约十六个月后,当这些装满写本和绘画的箱子放在伦敦的大英博物馆时,斯坦因说他才"真正宽慰地舒了一口气"。

斯坦因由于这次成功的行动和巨大的收获,在考古界名扬天下。一连串的获奖和受勋,直至高贵的英国女王接受他的吻手礼。英国皇家地理学会还把一枚金质的"发现者勋章"

煌煌地挂在他胸前。直到20世纪80年代的《大英百科全书》，居然说莫高窟也是他发现的。

如果他是发现者，上述的史实便是他这位发现者真正的丰功伟绩了。

一位敦煌学者曾在大英博物馆的仓库中，看到斯坦因一件在中国西部的发掘物，叫人触目惊心。这是一只小孩的手骨，细细的指骨紧紧抓着一卷东西——东西没有打开。这显然是斯坦因发掘到的。他为了获取这个奇特的历史细节，竟然切断尸体的腕骨，把它取了下来。

这叫我们联想到这位"发现者"在藏经洞所做的一切。

他把藏经洞的宝藏狠狠地——带着文化的血——切走了很大很大的一块。但这一块绝不是结果，仅仅才是开始呢！

敦煌
DUNHUANG
TONGSHI
痛史

伯希和来了

这样一位出色的人进入藏经洞,自然是一场更大的灾难。

斯坦因走后,藏经洞的"封条"就等于被揭开了。斯坦因拿出那么多东西,居然没有麻烦,随之王道士的胆子便大了起来。这对于第二个走进藏经洞的外国人——伯希和来说,也就顺利得多了。

伯希和是法国人。

比起斯坦因,他具备斯坦因所有优点,但没有斯坦因的缺点。

比方他一样能吃苦耐劳,一样精力充沛,而且运气也一样的好。他在图木休克的遗址上,无意间将马鞭往沙地上一插,好像触到什么东西,用手一挖,就有一件希腊风格的彩色雕像出土了。这种神奇的好运是属于天才的考古学家的。至于优点，首先是他年轻。他钻进藏经洞时才二十七岁。但他决不浅薄，他也会多种语言，而且极有语言天赋。他头脑清晰，有极好的记忆。记住的语言马上能灵活地运用。斯坦因掌握七种语言，伯希和精通十三种语言，还能看懂中亚流行的几种文字。更重要的是，他还是一位天才的汉学家，居然还有深厚的中国图书版本的知识。他完全用不着蒋孝琬那样的人。需要办的事，他一个人就全办了。这样一位出色的人进入藏经洞，对于藏经洞自然是更大的一场灾难了！

如果斯坦因有他这样好的汉学，那么斯坦因的"成就"至少还要翻一番。然而，由于斯坦因不通汉学，不能完全弄懂那些汉文的文献，这便把一半以上的好运留给他了。

伯希和从1899年开始在越南河内的法国远东学院工作。这期间，他曾往中国购买过古籍图书与绘画作品。现在看起来，这些差事好像是日后进入藏经洞挑选写本与佛画的一次次实习。

比起欧洲各国来，法国人对中国西域的考古发掘有点"慢半拍"。伯希和到达中国之前，英国人、俄国人、德国人、瑞典人和日本人，差不多已经把新疆的古代遗址翻过一遍了。

🪷 伯希和在莫高窟栈道上

法国人迟迟未来的原因,是因为他们一直在柬埔寨的丛林里发掘那个宏大而灿烂的吴哥古迹。但他们又是"为时未晚",因为他们选中伯希和这样一位极具才干、精通汉学的人,来担任第一支中亚远征考察队队长。

这支考察队成员为三人。除去队长伯希和,还有一位是负责测绘地图与采集自然标本的路易·瓦兰博士,另一位是摄影师查尔斯·努埃特。他们于1906年6月17日由巴黎出发,8月到达中国新疆的喀什。然后沿着塔里木盆地北沿的丝绸古道,对一路上的古文化遗址进行发掘。虽然此前一些国家的考古队已把这里着实地翻检一番,但伯希和凭着他的敏锐与知识,还是获得相当可观的收获。他们在库车的一些荒废久远的寺院中,居然挖出来用早已失传的文字书写的经卷,这叫先前的其他国家那些发掘者们,后悔自己的粗心大意。

但是这期间,伯希和对藏经洞的事却一点也不知道。直到1907年8月,他们停留在乌鲁木齐时,遇到了一位先前在北京认识的王室贵族载澜。这位载澜由于受到1900年义和团运动的牵连而被终身流放在这里。两人饮酒闲谈中,载澜谈到了敦煌藏经洞发现古代文书的事,并拿出一份古代手稿,据说就是来自藏经洞。伯希和一看,立即判断这是8世纪的珍贵写本。他深知这东西无可比拟的价值。于是他立即取消了原先去往"遍地古物"的吐鲁番盆地的计划,急急渴渴奔往敦煌。

阿毗曇毗婆沙智捷度他心智品中卷第五十三

我生已盡者為盡過去生為盡未來生為盡
現在生言我生盡邪若盡過去生已
滅若盡未來生未生至若盡現在生已
在生不住答曰應作是說盡三世生所以
何此中言生者是非想非非想處四陰行者
於三世中盡明見故能離非想非非想處欲
尊者佛陀提婆說曰佛經說午尼見生盡亦
作是問為見過去生未來生現在生盡言生盡
邪答曰應作是說見過去生未來生現在生盡所以者何
者俯一切梵行皆行盡為此未來生故所以者何行
有三厄難一者已受二者今受三者當受已
受者當受若以財物若
目親族力作諸方便當生者行者亦過
去不用功已滅現在生當忍受竟受亦
正方便滅永令不生有多種或說入母胎
時名生或說出母胎時名生或說五陰名
生或說不相應行陰少分名生或說非想非

敦煌
DUNHUANG
TONGSHI
痛史

每天看一千卷

敦煌又被血淋淋地切去很大一块，而这一大块恰恰是整个藏经洞文献中的精华

1908年3月26日，伯希和到达敦煌。他和王道士见面才说了几句话，王道士立即对他产生了好感。一是他一口流利和漂亮的中国话把王道士迷住了。二是王道士从他嘴里得知，那个矮小的斯坦因严守秘密，没有把买走经卷的事告诉他，于是王道士对外国人有了信任感和好感。还有，斯坦因一年前给他的那些钱早已用光了，他修缮佛窟和建造道观都急需用钱。这样，很快王道士就把伯希和领进了藏经洞，允许他随便挑选。

伯希和第一次站在藏经洞里时，和斯坦因的感受一样，简直是呆若木鸡。跟着他估计了一下这些东西的总量，至少

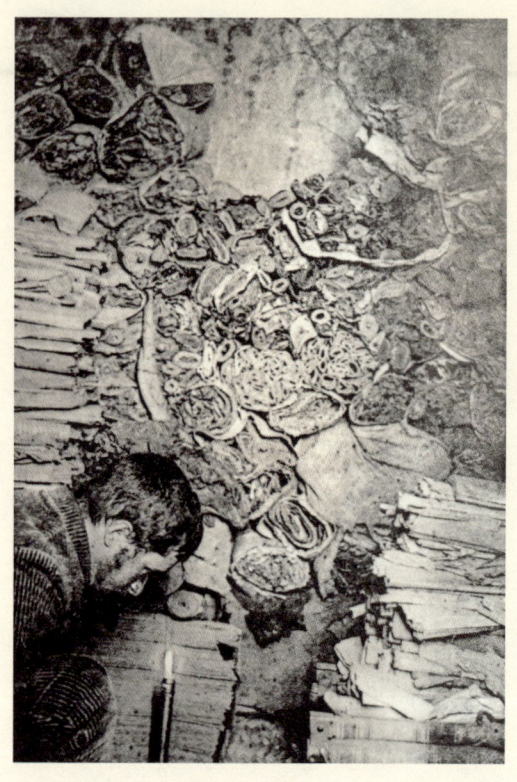

❀ 伯希和在烛光中挑选敦煌经卷

有数万件。他心里明白,王道士决不会叫他把东西全部搬走,否则无法向县政府交代。因此他下决心要把所有文书经卷一件不漏地全看一遍,将精华挑出来。他暗暗给自己立下三条标准:一是要有历史纪年的,因为有具体年代的文物价值要高得多;二是要普通大藏经之外的各种写本,不要大路货;三是着重挑选汉文之外各种民族文字的文献,这由于各种北方和中亚民族文字的写本向来都极为珍贵。这三条标准,显示了伯希和对文物认识的水准,以及极强和极快的判断力。这也就把藏经洞剩下的精粹全部筛选出来了。

钻进藏经洞的人,真是一个比一个厉害!

伯希和还给自己确定了争取的方向,就是用这三条标准,把整个文献一分为二。符合这三条标准的文献要不惜一切代价获得;在这三条标准之外的文献必要时可以放弃。工作标准和目标确定后,他便开始工作。他天天蹲伏在漆黑的洞中,在一盏昏暗的小油灯的照射下,用了三个星期时间,把洞中全部文献看了一遍。工作量之巨大,难以想象。至于断纸碎片,天知道有多少!据他自己说,他在最初的十天,以每天一千卷的速度翻阅这些文献。如果一天工作十个小时,每小时最少要看上一百卷文献。即使一位中国学者也很难胜任。这足以显示了这位法国考古学家惊人的汉学功底。

这期间,瓦兰和努埃特忙着爬到各个洞窟去拍摄壁画。每当三人聚会,他的两位同事便见他容光焕发,喜气洋洋,把塞满外套里的珍奇的古本,一件件拿给他们看。告诉他们哪一件是八百年前描写戈壁滩上一个奇异的小湖风光的手稿,哪一件是一座古代寺院的账目,哪一件竟是从古代欧洲流传到中国的圣约翰斯托里福音……

随后,伯希和还同他的考古队员对莫高窟做了一次全面考察。将洞窟编了号码,并以日记形式对洞窟的结构及内部

🌸 伯希和的探险队居住在莫高窟的情景

装饰做了描述,系统地记录下壁画上的题记。这便是考古史上著名的《伯希和敦煌石窟笔记》,同时还绘制了平面图,拍摄了照片。这是历史上首次对莫高窟所做的学术性考察。后来,清政府把一群逃窜到敦煌的白俄士兵关押在这里,使一些壁画遭到破坏。伯希和所留下的照片和记录就有着十分重要的意义了。

好运气的伯希和在考察壁画时,也有一些惊人的收获。他在第464窟中发现了一桶回鹘文木活字。这是世界上现存最早的印刷活字,竟有数百枚。它对研究活字印刷的起源具有巨大价值。这一桶活字当然是被伯希和搬走了。

在整个过程中,伯希和只是在与王道士的谈判中费了一些周折。当然,最终还是谈成了——他以五百两银子从王道士手里换取六千余卷文书写本和二百多件古代佛画与丝织品。这次王道士得到的钱,比从斯坦因那里得到的多了一倍。付给他的东西却少了几乎一半。王道士很满意也很得意,以为自己这次卖了个好价钱。

这便是文化落入无文化的人的手里真正的下场!也是所有文明失落的地区的文明共同的遭遇。

实际上,如果论其质量,斯坦因那批东西可无法与伯希和相比。比如标有纪年的历史文献,先入藏经洞的斯坦因拿走的是三百四十四

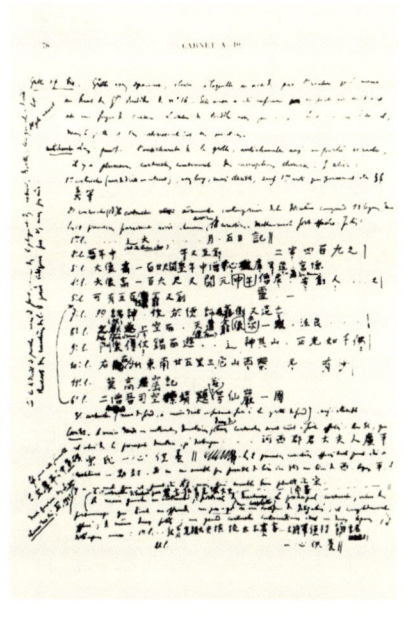

《伯希和敦煌石窟笔记》手稿

🌸 伯希和在新疆喀什

件,为总数的百分之四点三;后入藏经洞的伯希和拿走的却是五百一十五件,占总数的百分之十九;再比如,伯希和拿走的各种民族文字的写本,竟是他获取的敦煌遗书总数的一半。这一比,伯希和比斯坦因高明得多了。

1907年斯坦因钻进藏经洞时,伯希和已经在库车一带进行考古活动了。伯希和之所以没有捷足先登,是因为他得到的消息迟了一些。如果两人倒换一下,轮到斯坦因来"吃剩饭",那么斯坦因的收获会很惨。

一定还有更惨的呢,那就是敦煌!

敦煌又被血淋淋地切去很大的一块，而这一大块恰恰是整个藏经洞文献中的精华！我们在前面的章节中提到的一些绝世珍奇的写本，都落入了伯希和获得的这批东西之中了！

据说，经过伯希和的挑选之后，"漏网"的梵文写本只有一件。伯希和的厉害由此可知。但伯希和知道后还犹然后悔不已呢！

1908年5月，伯希和结束了他在敦煌的活动，派人把他弄到手的东西，装了十箱，辗转运到河内，再运往巴黎。他本人则只身穿过河西走廊进入中原。10月初到达北京去采购图书。这期间，精明机警的伯希和对所接触到的中国学者守口如瓶，对敦煌藏经洞的事只字不漏。直至12月，返回越南河内的远东学院。

当然，关于藏经洞的事，最终还是他公开说出来的，但那完全是另一种目的了。

敦煌痛史
DUNHUANG TONGSHI

惊动京华

敦煌出土文物已落入外国人手中，这真如一阵狂飙，吹乱了中华的学坛

　　转年五月，伯希和受法国国立图书馆的委托，从河内又一次进入中国，先后到一些大城市南京、天津和北京收集与采购古籍。由于他事先知道，那批从藏经洞弄走的宝物已经安全地运抵巴黎，这次便放心大胆，随身带来一小箱遗书，送到北京的裱画店装裱。他本人住在苏州胡同。七月间，一位姓董的文人在伯希和的住处看到了这些东西，便告诉了我国的金石考古大家罗振玉。罗振玉赶到苏州胡同一看，大为震惊，世上怎么会有这么珍罕的东西？

　　伯希和和斯坦因的性格完全不同，斯坦因老谋深算，含而不露；伯希和年轻气盛，喜欢表现和张扬。王道士以斯坦

敦煌痛史
DUNHUANG TONGSHI

▲ 莫高窟外景

因的信守诺言和守口如瓶来估计他，那就完全错了。然而，伯希和也不是个冒失鬼。他是等到那批东西踏实地装进自己口袋后，才站出来自我炫耀起来。不过这却给藏经洞的命运带来了转机。

伯希和几次来北京购买古籍，又研究汉学，与在京的大学者们都很熟悉。既然罗振玉已经看见了，他就主动将一些遗书的照片送给学者们,以便搞好关系。这样,事情就愈传愈广。传来传去总会对他不利。九月里,伯希和索性把事情公开了。他在北京的六国饭店办了一个展览,请来罗振玉、蒋斧、王仁俊、董康、宝熙、吴寅臣等著名学者。他将带来的敦煌遗书的原件展示给学者们,其中包括《沙州图经》《尚书释义》《敦煌碑赞合集》《慧超往五天竺国传》等稀世珍本。同时他还做了一个演讲,将他在莫高窟的奇遇与见闻描述一番。在场的中国学者全都受到了极大的震动。这才知道远在敦煌有举世罕见的大发现,而且多数出土文物已落入外国人手中!此时,清朝学部为筹建京师图书馆,正在到处寻觅古本。宋版书早已是寥若晨星,很难得到,可是忽然一个洋人手拿着一批年代更久远的隋唐写本跳到眼前,还说有更多的千年古本已经搬到海外。这真如一阵狂飙,吹乱了中华的学坛。当罗振玉听伯希和说,莫高窟的藏经洞里还有上万件遗书,便风风火火、迫不及待地报告学部,要求学部即刻发令保护。这位学者的凛然大义,感动了学部左丞乔树楠。急不如快,当即由罗振玉写了电文,火速命令陕甘总督毛实君将藏经洞的劫后残余再次就地封存,严禁卖给外国人,随时准备押送京师;学部还拨六千银两,交给敦煌县令,

敦煌
DUNHUANG TONGSHI
痛史

🏵 敦煌经卷《大般涅槃经》

以尽量收集藏经洞失散的遗书,并补偿一下王道士。以知识分子唱主角的中国历史上第一次文明大抢救就此拉开大幕。

如果当年甘肃的藩台听取了叶昌炽的建议,花五千两银子,将藏经洞文献押运到甘肃政府封存起来,就把东西保住了。再退一步说,如果自从1904年敦煌县令汪宗瀚把藏经洞封闭之后,敦煌政府要是每年派人去检查两次,王道士就不敢如此胆大妄为了。汪宗瀚把藏经洞一封,敦煌政府几年都不问一问,王道士实际上不成了这批宝物的"拥有者"?

但历史是不会改写的,而历史的失误从来不会是偶然的,它是一种必然。往下看吧——

学部拨银那六千两,一经过官场,就落入官场那一套。层层经手,必然层层揩油,巧立名目,东挪西用,最后到王道士手里只剩下三百两。至于将藏经洞文献押往京师的事,仍旧一拖再拖,直拖到第二年,学部才命令新疆巡抚何彦升将藏经洞劫后之余全部押往北京。这次,从封存到运走,中间又隔了一年。官府这一拖,漏洞又出来了,机会也来了,悲剧又接着演。

灾难深重的敦煌文化啊!

敦煌痛史
DUNHUANG TONGSHI

雁过拔毛

文化在这些人身上只是一种财富
——不论他们懂得还是不懂得

本来,由于伯希和"泄露天机",王道士很害怕背上监守自盗的罪名,受到惩罚。可并没人追究他。甘肃政府来人检封藏经洞文献,依旧像当年汪宗瀚一样,做得很草率,同样没有认真清点和登记造册。而且过后又搁了下来,一直没运走。已经往洞里伸惯了手的王道士,一看官府对这批东西的态度依旧并不认真,便再次壮着胆子把一大批写本拿出来。他一时卖不掉,就把这些东西巧妙地塞在两个大木桶里。外边油漆彩画,套了木轴,伪装成藏传佛教诵经时用的"转经桶",安装在佛殿上。

可别小看这两个木桶,里边所匿藏的敦煌文献的数量非

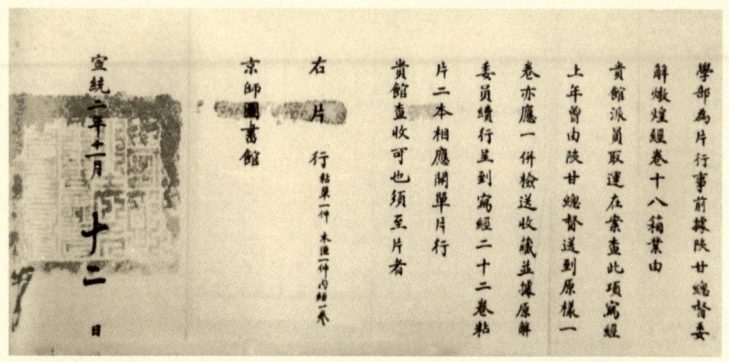

🌸 清朝学部将敦煌遗书拨交京师图书馆的电报

常可观。1911年10月至1912年2月，日本的大谷探险队从王道士手中弄走的六百余卷写本，1914年3月斯坦因弄走的五百七十卷，以及同时俄国著名的佛教艺术史家奥登堡弄走的数量极大的藏经洞写本，都出自这两个不可思议的"转经桶"里。实际上，这两个转经桶就代替了藏经洞，成了走失文物之源。

藏经洞的文物被拿走得越多，名气就越大。民国初年，甘肃和新疆一带，常有外国人来民间"猎宝"，也就常有人向外国人私售这种古老的珍本文书。敦煌遗书流散之严重便可以想见。据说宣统二年（1910年）、民国元年（1911年）、民国三年（1914年）甘肃政府几次命令敦煌县令查询情况，由于官员们根本不当回事，敷衍了事，始终不了了之。王道士却依旧照卖不误。

藏经洞文献已被切得残肢败体,血肉模糊,但还在被小块小块零碎地出卖着。

1910年何彦升起运藏经洞文献时,丝毫没有对王道士进行追问与调查,只把洞中的搬走了事,甚至连藏经洞本身都没有认真检查一下。1914年至1915年间,俄国人奥登堡居然在洞里挖出数量惊人的历史文献。连同他从王道士手里买的,居然有一万多件!后来入藏到俄国列宁格勒亚洲民族研究所中。

直到1919年,甘肃政府对藏经洞文献仍旧神奇地屡屡地出现,感到诧异,怕上边也有耳闻,怪罪下来,便由省教育厅出面,命令敦煌政府全力再搜查一遍。谁想这一次搜查还真有收获,里边竟然还埋藏着九十四捆遗书!这些东西是哪来的?俄国人奥登堡不是在洞中挖过一次了吗?怎么还有?难道是从洞里冒出来的不成?有人问,何彦升当初是怎么干的?

这位何彦升是和当年敦煌县令汪宗瀚一样,只是个对文化没有兴趣的庸官吗?完全不是!再往下看——

其实,最黑暗的问题,就出在负责押送的何彦升这些官员的身上!

在运送途中,实际上是从敦煌的县衙门,官员们就开始

敦煌痛史
DUNHUANG TONGSHI

🔅 克孜尔尕哈烽火台日出

雁过拔毛了。这些被运送的古代文书，只是草草地往木箱里一装就走。这便给大小官员们的窃取带来方便。从敦煌至北京，其间数千里，如同设下的层层关卡，每过一处官府，地方官必要伸手从车上取下几件"宝物"。实际上他们根本不懂得这些破旧的纸卷有何价值，只知道"送宝"的车经过眼前，机不可失地捞一把罢了。这是典型的无知者的巧取豪夺。

最厉害的一关，要算何彦升本人。他家在北京有个打磨厂。当大车进了北京，经过打磨厂时，他竟让儿子何震彝把大车接进他家，给两个随同押送的官员放假去逛妓院。然后由何震彝和他岳丈李盛铎，以及亲友刘廷琛、方尔谦等人把车上所有遗书翻一遍,将精品摘取出来——当然早已是伯希和与斯坦因挑剩下的了。为了怕缺了件数,被人发现,居然把较长的卷子一撕为二来充数。

他们到底懂不懂这些东西的价值?如果不懂,他们怎么如此疯狂地打劫这批东西?如果懂得,他们怎么会忍心把这些珍贵的文书撕开?

文化在这些人身上只是一种财富——不论他们懂得还是不懂得。这才是敦煌宝藏悲剧的本质。

后来,何家弄走的这批遗书,以八万日元卖给了日本京都藤井氏的有邻馆。最终还是变相到了海外。

当大车把这些劫余的遗书,这一车车淌着血的文化残骸送进京师图书馆时,总卷数仅仅为八千六百九十七卷,不足它出土的五分之一。而且全都是几次筛选后的残余,大部分都是佛经,那些具有无限深广的历史文化意义和极其丰富的社会生活内容的文书,差不多都在遥遥万里的大洋之外了。

至于藏经洞内的一千余件唐宋绘画与手绘经幡,无一存留国内!

于是,大学者陈寅恪才有这样一句名言,深深并痛楚万分地铭刻在我国学坛上:

敦煌者,吾国学术之伤心史也!

敦煌
DUNHUANG
TONGSHI
痛史

文明大抢救

> 我国学者对敦煌遗书的大抢救,是历史上第一次自我的文化觉醒。

自从敦煌藏经洞文献被盗事发,罗振玉请求学部火速封闭藏经洞,中国学者就展开了一场文明大抢救。

人们不约而同称藏经洞文献为"敦煌遗书"。这个"遗"字真是意味深长。它既是历史遗忘的,也是现实遗失的。但学者要挽回这失去的一切!

侠肝义胆,古道热肠,不单在武人身上,更在文人的心中。

就在罗振玉看到六国饭店伯希和那个展览的当月,他便在《东方杂志》上发表了《敦煌石室书目及其发现之原始》一文,记录了这次见到的敦煌遗书十二种书目三十一种。紧接着又补写了《莫高窟石室秘录》,首次向国人公布了地处

罗振玉和王国维

边远的敦煌无比重大的发现,以及痛失这些宝贝的真实状况。

公布这惨痛的事实,一如当众失声的痛哭。

凡有责任感的人,都感到自己心中有一口钟,被他敲响了。

紧接着,王仁俊、蒋斧等学者就把从伯希和那里得到的照片刊行出来。王仁俊的《敦煌石室真迹录》于1909年9月出版;罗振玉和蒋斧编的《敦煌石室遗书》于1909年11

月出版。这对于当时的印刷能力来说,他们几乎用了救火的速度来抢救这些失却的文化珍宝。

一时的焦迫之情,也正在这做事的速度之中。

这一来,立即得到广泛和积极的呼应。当时比较知名的学者包括胡适、郑振铎、王国维、陈寅恪等几乎全都投入进来。在很短的时间里,对敦煌遗书的收集、校勘、刊布、研究,全方位地展开。像罗福葆《沙州文录补》、罗继祖《敦煌石室遗书三种》、王国维《敦煌发现唐朝之通俗诗及通俗小说》、刘师培《敦煌新出唐写本提要》、贺昌群《敦煌佛教艺术的系统》等,每部新著问世,即刻成为一时注目的中心。各学科同

🌸 贺昌群著《敦煌佛教艺术的系统》

时并举,形成了敦煌学最初的架构——一个朦胧又实在、复杂又宏大的学术架构。这反映了我国知识界人才济济、实力雄厚和学术上的敏感。

极具学术远见的陈寅恪,已经在他的头脑里,感到一种新学科正在形成。他感到这学科的博大深厚,及其无限的潜力与前景。于是他在为陈垣的《敦煌劫余录》所作序文中,首次提出了"敦煌学"的概念。这就一下子把敦煌这个全新的学科推出来了。

然而,当时中国的学术界对被瓜分的敦煌遗书的总体情况所知甚少。仅仅靠伯希和赠予的有限的一点照片,还远远不行。于是,他们开始把目光转向海外,奔赴欧洲和日本,去抄录和研究那些流失的遗书。

最先到日本去做这件事的还是罗振玉。他在1914年赴日参观"西陲古物展览会"上,与日本探险家橘瑞超见了面。他从橘瑞超那里获得被日本人弄走的那些敦煌遗书的目录和材料,迅速写成文章,在国内发表。

最先在欧洲做这一工作的是大诗人刘复(半农)。他在法留学期间,将法国国立图书馆收藏的反映世俗生活的写本,全部照录下来,共计一百零四件。然后送回国出版,书名叫《敦

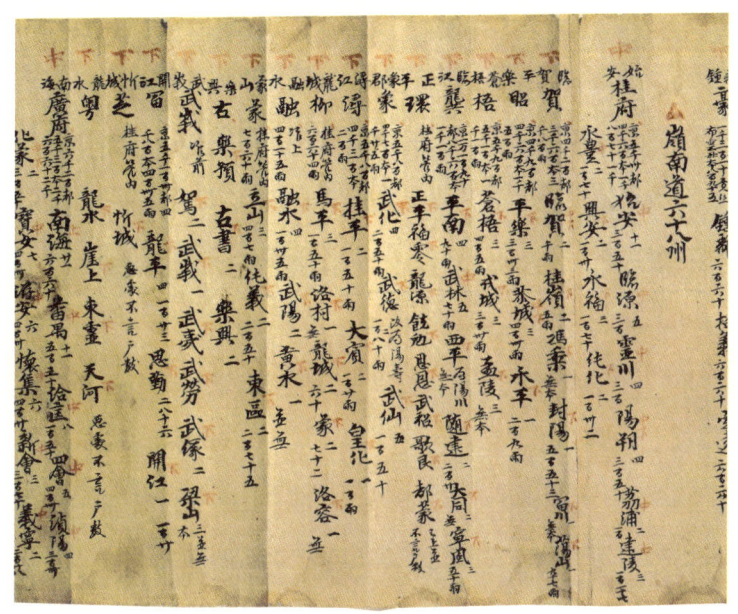

敦煌卷子·地志（局部）

煌掇琐》，其内容是非常广博。全书分小说、杂文、小唱、诗、经典演释、艺术、家宅田地、社会契约、讼诉、官事、婚事、宗教、历书、迷信、杂事和语言。单是这百余件写本，就大角度展开了中古时代社会生活的众生图景。这更叫国内学者痛惜那些失去了的稀世之宝！

于是，从1934年起，学者向达、王重民、姜亮夫、王庆菽、于道泉等自觉背负起这文化抢救的使命，漂洋过海，去到万

敦煌
DUNHUANG
TONGSHI
痛史

里之外的欧洲，整日埋头在博物馆和图书馆里，抄录、拍照、研究、编目。向达于1935年到达英国，他在大英博物馆东方部阅读敦煌卷子时，受到那里的一个叫小翟里斯的人的种种刁难。他只能阅读很少一部分写本，他还是看得非常仔细，并将每件写本都做了卡片，记下卷子的一切特征，还拍了照片。此后他转向法国，抄录了大量资料。1938年他从英法博物馆中一个字一个字抄写回来的资料，竟有几百万字！王重民于1934年到法国国立图书馆工作。他拍摄了三万张关于敦煌遗书的微缩胶片。这种工作的繁重难以想象。姜亮夫从巴黎跑到伦敦，从伦敦跑到柏林，追踪着每一卷遗书。在法国国立图书馆每拍一张胶片要付十四法郎。为了尽可能多拍一些，他只能勒紧裤带。喝米粥，嚼面包干，白天抄写卷子，晚上回到小旅舍连夜复查整理。他们是想用手中的笔把那数万件遗书"搬"回来！

那是怎样虔诚的敦煌情结和文化情结。

当他们千辛万苦地返回祖国，正赶上日本人用战火狂烧中国的江山。姜亮夫辛辛苦苦抄录回来的手稿，存放在上海闸北的一个朋友的家里，但在日本飞机轰炸中，全部毁在这场战火中了。

灾难又碰倒一块不幸的敦煌文化的多米诺骨牌。

然而我国学者对敦煌遗书的大抢救,是历史上第一次自我的文化觉醒。它义动当世,光耀千古,成为百年来中华学坛的一股飒爽、浩荡和堂堂正正的文化正气。

敦煌
DUNHUANG
TONGSHI
痛史

华尔纳的胶水桶

> 不懂壁画的是敦煌的灾星,
> 懂得壁画的却是敦煌的一个克星

大约在 1910 年,上海有正书局出版了一部《石室秘宝》。它是由存古学会编辑的。这部书与其他关于敦煌的书籍不同,别的书全是敦煌遗书的内容,这部书有几页图版,首次发表四幅敦煌壁画的照片。莫高窟的艺术一露面,就使国人为之惊讶和陶醉了。世上早已看不到唐代绘画的真迹,而唐人的精品居然大量地放在这里!而且敦煌那种奇异、雄健又浪漫的风格,中原大地何处有之?

可是对于当时的中原的人来说,敦煌实在远不可及。谁也无法想象整个莫高窟是什么景象。它到底有多少窟,多少壁画?还有什么更神奇的画面?一大堆彩色的问号在人们的

🪷 莫高窟第 323 窟张骞出使西域图（唐）

心中浮现出来，但谁也不可能到几千里之外的敦煌去啊！

　　莫高窟依旧在那片荒芜和寂寥的世界里。藏经洞的遗书运走了，灾难并没有完结，代之受难的又轮到了壁画与塑像。

　　十月革命时，一批被打得到处窜逃的白俄士兵，跑到了中国的敦煌一带。大约有五百人被当局抓住了。这么多人关押在哪里呢？敦煌当局竟然想到莫高窟是最佳的拘留地。四外全是戈壁滩，荒无人烟，关进去就只能老实待在里边，一

❀ 白俄士兵涂写在莫高窟103窟壁画上的俄文题记

旦逃出来，站在戈壁滩上，连吃的也没处可找，只有饿死，或者被野狼吃掉。这一来，真把白俄士兵困在里边，连看守都用不着。但遭殃的却是莫高窟！这批白俄士兵被关进莫高窟后，整天圈在洞里，苦闷绝望，便把几近疯狂的情绪全发泄在洞中的壁画和雕塑上。他们在那些历时千年、精美绝伦的壁画上胡涂乱画。在佛的身上写上沙皇旧部的番号，口中喷出斯拉夫语的下流话。一个安放古代公主遗骸的密室被他们发现了，就将里边的文物掠劫一空，剩下的东西全部捣毁。在这批白俄士兵被拘留的半年里，他们在洞中做饭，烟熏火燎，许多洞窟都留下大片大片浓黑的油烟。

敦煌

DUNHUANG TONGSHI

痛史

壁画发出的痛苦的哀叫,无人能听见,只有忍受着。

这些粗野的白俄士兵根本不懂得壁画的意义,懂得壁画价值的却是一个美国人,他叫兰登·华尔纳。

不懂壁画的是敦煌的灾星,但懂得壁画的却是敦煌的一个克星。

为什么敦煌文化总是在这种正反两方面厄运的夹击之中无法逃遁,注定遭难?轮到华尔纳掠劫敦煌了。

华尔纳是美国的一位考古学家和艺术家。他在哈佛大学的福格博物馆担任东方部

英国考古学家兰登·华尔纳

主任,是个真正的行家。这个人个子很高,红头发,有一股英武的气概。1903年毕业于哈佛大学之后,就到中亚一带考古。他对丝绸之路上发生过的一切全有强烈的兴趣。1923年秋天,他受哈佛大学福格博物馆的委托,来到中国西北"寻宝"。他早在欧洲就认识了伯希和,从伯希和与努埃特拍摄的照片上,对莫高窟的艺术有所了解。此时,虽然他知道斯坦因、伯希和与橘瑞超都已经

到过敦煌。一切能弄走的,肯定都弄走了,但他决定还是要试试自己的运气。1923年12月初,他到达敦煌。这时藏经洞已经空了,但莫高窟的壁画使他惊喜欲狂。华尔纳不是语言学家,他是艺术史家,壁画比文书更使他着迷,于是他决心对壁画下手,便用钱收买王道士。王道士至少还知道藏经洞里的文献是些古董,但对于壁画他就完全不懂了。他在为佛教徒整修洞窟时,常常用白色的粉浆将非常珍贵的古代壁画盖上,然后再找些画工红红绿绿画一遍新的。他真够得上文化保护学者所谓的"建设性破坏"的鼻祖了。所以在他眼里,这些破墙上的画远不如藏经洞的那些古旧的卷子值钱。他看不上这些老壁画,华尔纳看上的正是壁画。好运气又跑到这些探险家这边。因此,华尔纳只出了七十两银子,他就答应出让了很大一部分壁画。

华尔纳是有备而来的。他窃取壁画,不是用斯坦因、勒柯克那种刀割的办法;他带来一种事先配制好的专用胶水——先用它把纱布贴在画上,然后把画割取下来,将来再将纱布揭下,据说这样做可以不伤害壁画表面。他就用这种"神奇的胶水",从第320、321、323、329、335、372等洞窟取下壁画二十六方,共计三万两千零六厘米,包括著名的

观世音菩萨像·英国不列颠博物馆藏

《东晋扬都金像出渚》。本来,他还能多干一些。但天气太冷,胶水冻结,只好暂告一段落,过后再来。但临走时,他顺手牵羊,从第328窟抱走几尊菩萨像,都是盛唐时期的雕塑杰作。其中一尊,作胡跪姿势,有极高的艺术水准,堪称中国雕塑史上的经典。于是,在莫高窟里,被割去壁画的墙壁上,便留下了一块块黑色的空洞的方块;被搬走塑像的佛坛上,只剩下了一片空荡荡的空间。当然,等到这些东西运进福格博物馆,小小的博物馆就名闻天下了。

1925年春天,吃过甜头的华尔纳又来到敦煌,因为他曾经雄心勃勃地发誓要把"这里的一切剥光",让这里"二十年后不值一看"。这次他带着一支大规模的探险队,提着胶水桶,进入莫高窟,计划要干八个月。一个有着西魏大统四年(538年)题记、画工极精的洞窟,是他这次获取的主要对象。他的野心和胃口都大得惊人,但他没想到当地的人对他上次的行为已经非常愤怒。这次他一到,就有许多人对他示威。如果再不走就要出麻烦,于是他这次只能无功而返。

那么在大漠风沙中荒芜又破败的莫高窟呢?它就像当年藏经洞等来了罗振玉那些学者一样,在等候它的保护神。

但是它实在太远了、太荒凉了,谁会去呢?

敦煌
DUNHUANG
TONGSHI
痛史

大漠美髯公

> 他要从历史文化的角度,真正地深入这座沙漠上最伟大的美术馆

进入 20 世纪 40 年代,画家们开始远赴敦煌。

最早到敦煌莫高窟的画家,有王子云、吴作人、关山月、黎雄才等。在这段时间里,千里迢迢来到敦煌的学者与艺术家,都见过一位蓄着长髯、身穿土里土气的驼毛长袍的中年人。他就是张大千。

人们都会惊异不解,这位一代宗师,艺术上正如日中天,为什么要离开他那辉煌的地位和优裕的生活,跑到这荒天野地中来?仅仅是为了看一看在中原很少见到的唐人手迹,亲眼看见那"曹衣出水、吴带当风"的原本模样?

自藏经洞发现以来,最先接触到敦煌的是史学家,然后

是画家。史学家的目标是遗书,画家的目标是壁画。但是,要见到遗书真迹就得漂洋过海奔赴异国;要看到壁画真迹就必须奔波数千里,来到这渺无人迹的戈壁滩上。

敦煌的一切事,从来都充满着艰辛。

它就像那些故意建在大山深处或崇岭之巅的寺观——以此考验信徒们的虔诚!

可是,一来到莫高窟,那感觉就真的如入仙境。对于画家来说,只要把壁画深入地看进去,所获得的就不止是绘画本身了。历史在遗书上使用文字来述说,在壁画上使用色彩和形象来表达。这壁画的历史,在时间上是上下一千年,在地理上是纵横数万里。中古社会的世间风景,中西交流的相互恩惠,佛陀世界的无穷想象,都在这壁画中了。所以自从画家来到敦煌,就使得中国敦煌学的风景,变得更加开阔。

张大千是最早来到敦煌的画家之一。他于1941年5月偕夫人杨宛君和次子张心智到达莫高窟。原打算在这里观摩三个月。但抵达这里的那天清晨,他提着马灯钻进洞窟,就在里边看了整整一天。等到他再从洞窟钻出来,已经改了主意。他说:"了不得,太了不得了!比我想象的不知伟大多少倍!恐怕留半年还不够!"

张大千在临摹壁画

同来的人以为这是艺术家一时冲动，谁料他真的一待七个月！

他先把所有洞窟看了一遍，便立即对各个时代的壁画风格做出判断：

两魏疏冷，林野气多；隋风拙厚，窈奥渐启；驯至有唐一代，则磅礴万物，洋洋乎集大成也；五代宋初，蹑步晚唐，迹渐芜近，亦世事多故，人才之有穷也；西夏诸作，虽刻画极钝，颇不屑踏陈迹，然以较魏唐，则势在强弩矣！

这一简练的论述，在今天看来，依然准确且精辟。须知此前，敦煌壁画混杂在山野流沙之间，从无人整理和考证过。谁又能迅速做出如此确切的断言和宏观的述说？

此时，张大千没有急于临摹壁画，而是从那些零落和残损的木梯和栈道爬上爬下，将上下五层洞窟全编上号码。如今在莫高窟的一些洞口，还常常可以看到两种旧日标记过的号码。一种是阿拉伯数码，前头有个"P"字，总计一百八十余号，那是当年伯希和所做的编号；还有一种汉字大写竖题的数码，总计三百零九号，这是张大千所做的编号。他的字体是一望而知的。如果把伯希和与张大千的编号比较一下，伯希和的编号较有限，也较仓促。原因是他不懂绘画，而且当时他心里的重点还是在遗书上。张大千就不一样了。他是一个真正通透美术史的大画家，而且他基本上把被流沙埋没之外的洞窟全部都做了调查，写了记录，还画了平面图，然后再编上号码，做得周详与严格，和考古学家完全一样。

他为什么这么做呢？是为了便于临摹，还是为了更全面和准确地把握？

行道天王图（唐）·英国不列颠博物馆藏

张大千临摹敦煌杨枝大士
像轴·四川博物院藏

七个月后,他到兰州,将不多的一些临摹作品送到成都,举办了一个小小的"西行纪游画展",却引起了不小的负面的轰动。舆论激烈地批评他,说他沾上民间的俗风匠气,开始步入魔道。

张大千哑然一笑,不去回答,手捋长髯,怡然自得。转年春天,他居然携带全家再度进入莫高窟。此行还邀来他的好友、画家和书画鉴定家谢稚柳,看来他要从历史文化的角度,真正地深入这座"沙漠上最伟大的美术馆"了。

敦煌痛史
DUNHUANG TONGSHI

万里归来鬓带霜

敦煌临摹独有的意义,即对敦煌文化的传播和弘扬

第二次进入莫高窟的张大千,全力展开临摹工作。

那时莫高窟的环境,今天是难以想象的。王道士自1931年去世后,景况更不如前。饥饿的野狼,流窜的土匪,骤然而至的沙暴,构成了十分凶险的环境。而且这里距离敦煌县城尚远,孤立无援。只能吃到粗糙的食物和来自窟前宕泉的咸涩的水。一位朋友借给张大千一支骆驼队,帮助他从一条很远的干涸的河床旁,运来烧饭用的枯木。这支慢吞吞的骆驼队来回一趟,需要八天,加上拾柴的一天,每趟需用九天时间。而每次运来的木头,刚好供九天之用,所以这支劳苦不堪的骆驼队一直是在路途上不停地走。

敦煌
DUNHUANG TONGSHI
痛史

张大千在莫高窟前喂养野鸭（1941）

张大千也像一只骆驼，在莫高窟里上上下下不停地走。最艰苦的事要算临摹本身了。

他天天很早就要钻进洞窟，因为只有在清晨时，阳光可以照进一些，中午过后便暗了下来，有的洞窟漆黑如夜，什么也看不见，必须点上烛火来画。而这里只有玉门油矿生产的土蜡烛，质量很差，火光昏暗又摇曳不定，临摹时很困难。再有就是临摹窟顶上的壁画了。他要爬到很高的架子上，仰着头来"高空作业"；倘若临摹接近地面的壁画，则要侧躺下来画。他说："有的地方离地面仅仅一尺多，当年画工必须长时间地侧卧或匍匐在地才能完成,他们所付出的艰辛,是令人难以想象的!"这使他真正体味到当年民间画师们作画的滋味,从而对那些没有留下姓名的民间画师的功夫仰慕至极!

为了追摹那些巨幅壁画的体量与气势,他从青海塔尔寺请来藏族画师昂吉等人,为他缝制十二丈的大画布。

他就像古代画工那样,一手秉烛,一手执笔,把唐人那些绵长而畅如流水的线条,搬到画布上来。同时,中华文化源头的活力,也就不断地涌入他的笔端。

临摹也是一种技法研究和历史研究。故而,他对敦煌的挚爱便自觉地进入珍惜和保护这些艺术珍品的层面。

张大千对壁画十分爱惜,有时拷贝画时,恐怕纸擦伤壁画的画面,便悬纸而描。临摹壁画的梯子绝不靠在墙壁上,而是将两个梯子并立一起,没有人帮他扶梯子,这就十分危险。在他给洞窟编号时,先请人用白粉在洞口处刷个方块,再由他写窟号。他要求很严格,一是白粉方块的大小必须一致,二是绝对不能损伤壁画。显然,他已经有了很强的保护意识了。这样,他对敦煌的思考就远远超出艺术的范畴,而是对整个文化的关切。

 三危山下的月牙泉

敦煌痛史
DUNHUANG TONGSHI

1941年10月,国民政府监察院院长于右任曾来西北视察。他听说了张大千住在莫高窟,便来参观。于右任的文化造诣颇高,工于诗词,写一手好字。他到了莫高窟一看,深为这里的艺术而震动,也为它如此的破败荒芜而叹息不已。当晚,于右任临时住在下寺——也就是当年王道士居住的地方。张大千抓住机会,和于右任谈了两个夜晚,所谈的全是关于敦煌的保护问题。张大千比任何人都深知这里的一切。几百个画窟,没人看管,风沙侵袭,岩石开裂,流水泻入,还有远道来拜佛的善男信女,住宿洞中,信手在壁画上涂抹漫题。莫高窟最晚的洞窟是元代的,至少有七百余年。很多壁画都已酥碱,起甲,霉变,剥落,已经沦为毁灭的边缘!他要求政府设立专门机构,保护和研究这座中华文化与艺术最伟大的宝库,挽救莫高窟于危难之中。

张大千的焦迫之情强烈地感染了于右任。于右任返回重庆后,立即写了一份建议书给国民政府。建议书所表达的激情,今天仍能感受到——

> 右任前次视察西北,因往敦煌县参观莫高窟之千佛洞……志称有千余洞,除倾圮沙埋者外,尚有五百余。

❀ 历经沧桑的西域古道

有壁画者计三百八十,其中壁画完整者二百,包括南北朝、唐、宋、元各时代之绘画泥塑,胥为佛经故事。其设计之谨严,线条之柔美,花边之富丽,绝非寻常匠画,大半出自名手。而各时代供养人之衣冠饰物用具,亦可考见当时风俟习尚。洞外残余走廊,犹是宋时建筑。惜在过去未加注存,经斯坦因、伯希和诱取洞中藏经及写本书籍,又用药布拓去佛画,将及千数。复经白俄摧残,王道士涂改,实为可惜……似此东方民族之文艺渊海,若再不积极设法保护,世称敦煌文物,恐遂湮销,非特为考古学家所叹息,实为民族最大之损失,因此提议设立敦煌艺术学院,寓保管于研究之中,费用不多,成功将大。拟请交教育部负责筹划办理。是否可行,理合具文,提请公决。

这件事要办成是很难的。敦煌这么远,交通不便,当时又处在抗日战事最艰苦的阶段。国民政府早已搬到后方的重庆。但中国是个文化大国,历来珍视文化,再困难也不能将莫高窟置之不顾。许多著名文化人便争相出面,多方呼吁。历史学家向达受中央研究所之约,率考古组赴西北和敦煌考察,亲眼看到散落大漠中祖国瑰宝的悲惨处境。归来后,奋笔疾书,写成万言长文《论千佛洞的管理研究及其他连带的几个问题》,发表在重庆的《大公报》上,反响强烈。贺昌群马上写了《敦煌千佛洞应归国有赞议》一文,也发表在《大公报》上,及时响应。跟着各方学者都著文同声呼吁,舆论极大。经多方努力,1943年6月,国民政府决定成立"国立敦煌艺术研究所",由教育部出面邀请自法国留学归来的画家常书鸿负责筹办。

转年,张大千临摹敦煌壁画的展览,相继在重庆和成都展出,轰动一时,这一次已全是叫好之声了。张大千在敦煌前后三年,临摹作品近三百幅。小至尺余,大至数丈。平均每三天一幅。作画数量惊人,其激情澎湃,可以想见。这是首次将精美绝伦的敦煌壁画整体地展现国人面前。这也正体现"敦煌的临摹"独有的意义,即对敦煌文化的传播和弘扬。此时,诗人沈尹默想到了画家三年来经受的种种非难,感慨不已,挥笔写下了四句诗来:

三年面壁信堂堂,
万里归来髯带霜。
薏苡明珠谁管得,
且安笔砚写敦煌。

对于莫高窟的保护,张大千应是历史上的第一功臣。

敦煌
DUNHUANG TONGSHI
痛史

无期徒刑

他过去一直拜倒于西方艺术,现在他决心回到自己民族的艺术中去

1935年秋天，巴黎到处是美丽的菊花，常书鸿穿过卢森堡公园，打算去卢浮宫看画。他于1927年到法国来学习艺术，此时已是小有名气的客寓巴黎的中国画家。他画油画，不少作品在巴黎和里昂的沙龙画展上获奖。巴黎是艺术家的天堂，艺术气氛浓郁，信息流通。他非常庆幸自己在这个西方艺术的中心生活着，甚至非常自豪地以蒙巴那斯的画家自居！

在途经塞纳河边旧书摊时，他偶然见到一大部盒装的画集，叫作《敦煌图录》，一套六册。这正是当年伯希和的探险队拍摄、由伯希和编著的。他好奇地打开这部陌生的画集，

敦煌痛史

DUNHUANG TONGSHI

1941年，常书鸿在重庆沙坪坝凤凰山写生

敦煌壁画第一次闯进他的眼睛。敦煌壁画使任何与它初见的人都受到强烈的震撼，尤其像他这样一位年轻而敏感的艺术家。他看到画集中那些来自中国的一千多年的古画，竟然如此遒劲有力，气魄雄伟，那是西方绘画——从古代的拜占庭绘画到当时的野兽派艺术都无可比拟的，他真的震惊之极了。卖旧书的人告诉他，还有不少中国古画的原作就在不远的吉美博物馆里。等他看到那些真迹，便彻底被征服。一幅7世纪的《父母恩重经》，比起意大利文艺复兴的前驱乔托的作品早了七百年，但艺术上更加辉煌和隽永。他过去一直拜倒于西方艺术，把希腊和罗马艺术看得至高无上。现在只有惭愧和忏悔！于是他决心离开巴黎，回归到自己民族的艺术

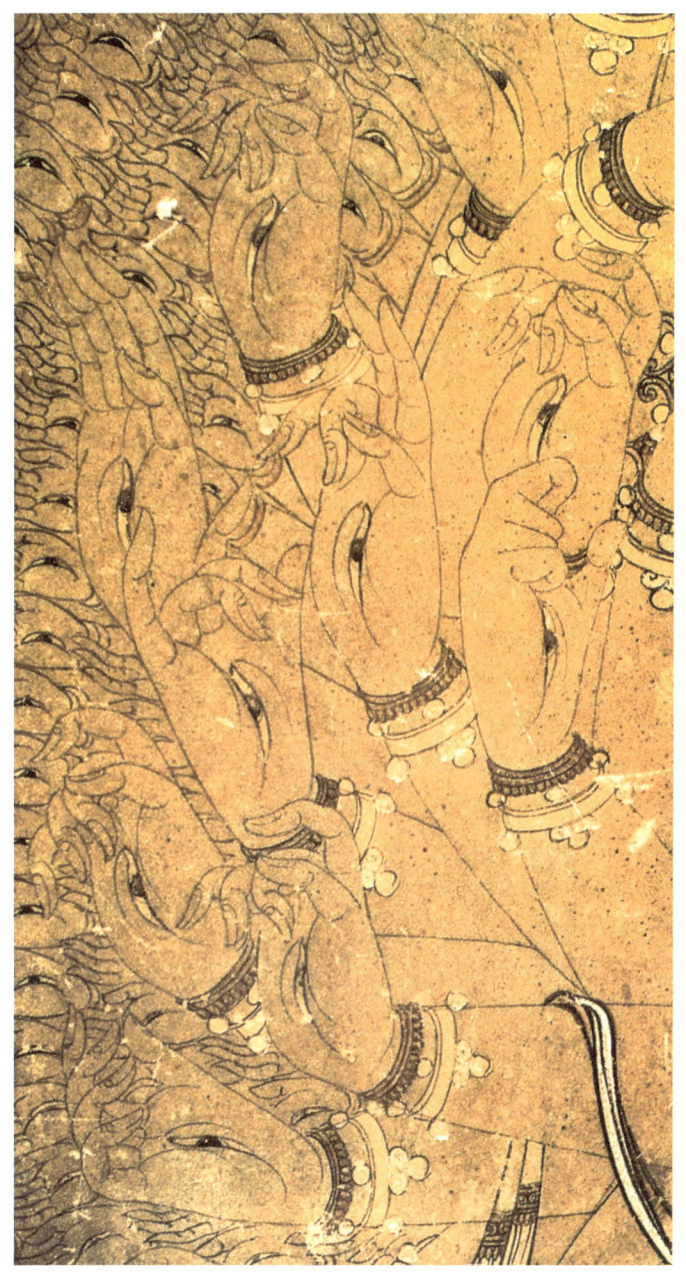

莫高窟第 3 窟千手观音细部白描图

敦煌
DUNHUANG TONGSHI
痛史

🌸 常书鸿作品《修建九层楼》

中去!

1936 年他回到中国。不久就赶上抗日战争爆发,局势十分混乱,他身陷后方,从事艺术教育,但很快就在画坛上成了名。

数年后,也就是 1942 年,于右任忽然请他去敦煌。谈话间于右任对他讲起自己亲眼见过的莫高窟的情景。当讲到那里的伟大,那里的惨状,犹然激动得不能自已。随后于右任讲了关于保护莫高窟的一些具体意见,讲得很细。什么清理流沙、修整栈道、保护林木和研究工作等等全讲了。特别是当他说到"不管国家如何穷也得设法保护"时,常书鸿感动万分。常书鸿不知道于右任在莫高窟与张大千那两个晚上的彻夜长谈。但此刻,于右任已经把一个艺术家的文化良心,充分地传递到另一个艺术家的心中了。

　　这时,住在重庆的徐悲鸿和梁思成也全都鼓励常书鸿去。可是谁也不知道,六年前他就是因为看到了敦煌的艺术才决心回来的啊!

　　1942 年 8 月,"国立敦煌艺术研究所"筹备委员会成立。陕甘宁青新五省监察使高一涵任主任,常书鸿任副主任,张大千等五人任委员。常书鸿到兰州进行具体筹办。经过半年筹备,大体就绪,他于 1943 年 2 月乘卡车经河西走廊到安西,再换骆驼去往敦煌。

　　来时,他心里不但鼓胀着激情,甚至还有很多浪漫的想象。可是当他骑着骆驼,步入茫茫沙海时,渐渐感受到了未

敦煌痛史
DUNHUANG TONGSHI

来生活的分量。在路上他遇到这样一段事——

他的骆驼队长途跋涉,大家都已经劳顿不堪,尤其是口中干渴得厉害,简直难以忍耐。他们忽听说前面有个地方叫甜水井。因为那里有口水井。想到前面的井,前面的甜水,他们立刻变得兴冲冲,加劲往那里赶,待到了那里已是夜晚。大家全都跳下骆驼,奔向水井,谁知趴在井边一喝,却又苦又臭,根本无法下咽。第二天清晨才发现,原来井口四周积满了骆驼粪。这是牲口长年里连喝带拉的结果。一位骆驼客对他们说:多难喝也得喝,从安西到敦煌只有这一口井!

心里的浪漫顿时没有了。戈壁大漠的生活原来如此严酷!

可是当他一到莫高窟,钻进洞满目辉煌地一看,再站到三危山上,纵览这天下奇观一片悲惨又尴尬的破败景象,他又坚定了自己来时的信念——抱定宗旨,在此一生。

那时,张大千还在这里,正要返回重庆去。张大千对他说:"我先走了,而你却要在这里无穷无尽地待下去,这可是一个长期——'无期徒刑'呀!"

这话既是玩笑,又十分认真。张大千在这里生活了三年,他知道如果一生都待在这里是什么滋味。

不久,张大千离开这里。分手时他悄悄给了常书鸿一个小小的纸卷,神秘地说,等他走后再打开。常书鸿回来打开这纸卷一看,原来是张大千亲笔画的一张地图,图中标着一条路线,上边说沿着这条路线走,可以在莫高窟一带找到草蘑菇。

这小纸卷显示了莫高窟生活难以想象的艰辛,也表现了艺术家之间的真挚。日后这张地图,还真的给常书鸿的生活带来了不少次帮助和撩人的喜悦呢。

敦煌
DUNHUANG
TONGSHI
痛史

大漠上的孤坟

他永远伫立在那里,守候与保卫着敦煌

常书鸿一到莫高窟,立即开展了筹备工作。他组织人力,用"拉沙排"清除积存数百年的流沙,一些被埋没了数百年的画窟便重见天日了;他踩着"蜈蚣梯"上上下下勘察洞窟,基本摸清了庞大而繁复的莫高窟各方面的情形与现状。最大的工程是围着莫高窟打一道两米高的墙,大约两千多米。有了这道墙,就把狼群、窃贼和肆虐的沙暴全都拦截在外边了,也把莫高窟牢牢地拥抱在自己的怀中。

莫高窟荒芜了七八百年,第一次有了安全感。

1943年1月,国立敦煌艺术研究所正式成立,常书鸿任所长。在整体的规划下,工作全面而有序地展开。

敦煌痛史

1965年,常书鸿在敦煌办公室工作

一批青年画家从重庆来到敦煌。史岩、董希文、张民权、乌密风、潘絜兹等。他们都是优秀和志向远大的年轻人。没有献身精神是无法坚守在这里的。且不说气候的酷烈,生活的艰辛——通常的饭食是水煮面片和盐拌韭菜,再加上两支红柳枝的筷子;最难抵抗的是寂寥与孤独。佛国无语,大漠无声。自言自语的话刚说出口,往往就被一阵风刮走了。

常书鸿相信自己不会倒下,但他万万没有料到,妻子从他身后逃掉了。

等他知道了。妻子只留下一封信,还有空荡荡的屋子。

常书鸿扯过马,纵骑去追。他发誓一定要把她追回来。他不能没有她,尤其在这寂寞无涯的天地里。没有了她,就没有了活生生的生活！他追了一夜，从敦煌到安西，才知道她早已经离开安西去往玉门油矿的方向了。他再追下去，已经没有力量，最后昏倒在戈壁滩上。多亏一位在戈壁滩寻找油矿的老科学家发现了他，救了他。然后用一辆破马车把他拉回到莫高窟。

只剩下破碎不堪的他和千疮百孔的莫高窟了！

没有伴侣是孤独的，失去伴侣则更孤独。

然而，常书鸿没有被这不幸压垮，神奇的事情是，给他以力量的还是这无声的壁画。那天，他站在第254窟面对着那幅北魏的佛本生故事《萨埵那太子舍身饲虎图》时，他感到：

1954年，常书鸿的夫人李承仙临摹窟顶壁画

敦煌痛史
DUNHUANG TONGSHI

❀ 20 世纪 40 年代的敦煌

它那粗犷的画风与深刻的寓意,又一次强烈地冲击着我。我想萨埵那太子可以舍身饲虎,我为什么不能舍弃一切侍奉艺术、侍奉这座伟大的民族艺术宝库呢?在这兵荒马乱的年代里,它是多么脆弱,多么需要保护,需要终生为它效力的人啊!我如果为了个人的磨难就放弃责任而退却的话,这个劫后余生的艺术宝库可能随时再遭劫难!

他现在才算真正地体验到张大千所说的那个"无期徒刑"

的滋味——"无期徒刑"的分量,还有"无期徒刑"的神圣。

然而,这打击还不算完。1945年7月,国民政府由于战争期间资金有限,必须精简机构,决定撤销国立敦煌艺术研究所。

他和研究所的年轻人撇开那个撤销令,苦苦坚持着。可是抗战胜利了,新的问题又出来了。抗战八年,骨肉分离。如今战争结束,人们都想回到敌占区与家人团聚,类似散伙的局面到来了,这怎么办?

可是,奇怪的是这接连不断的打击,对此时的常书鸿来说,却像一个个命运的挑战,反而使他更加坚定。他奔赴重庆,走火入魔般上下求援,四处呼吁。一些著名的学者和艺术家徐悲鸿、陈寅恪、傅斯年、梁思成、向达等都站出来全力支持他,造成了

陈寅恪为《敦煌劫余录》写的序

常书鸿的钢笔画《敦煌》

强大的声势。

1946年5月,敦煌艺术研究所终于被重新恢复了。

一批又一批年轻的画家来到敦煌。这中间许多人如今已成为成就卓然的敦煌学者。段文杰、霍熙亮、范文藻、李承仙、史苇湘、孙儒涧、欧阳琳、黄文馥,等等。

有了人马,更大规模的保护与研究计划就得以展开。洞窟的勘察编号、标记登录,编选画集、修复壁画,临摹复制等各项工作,很快全都得到喜人的夺目的成果。

1948年8月28日敦煌艺术研究所在南京举办《敦煌艺

展》,展出文物和临摹作品五百件。这实际上是敦煌的保护者们五年工作的动人心扉的汇报展。场面辉煌,观者如堵。蒋介石冒雨去参观。

1950年4月7日,故宫午门楼上举办"敦煌文物展览",周恩来去参观,也是多情的细雨。

年轻画家们来敦煌研习壁画

敦煌
DUNHUANG TONGSHI
痛史

❀ 常书鸿在莫高窟的故居

此时在国人眼里,敦煌的展览就是中华文化的展示了。

这不正是一代具有强烈文化良心的知识分子为之努力和奋斗的成果吗?

如今在莫高窟对面的中寺的一处古老而简陋的院落,便是常书鸿故居。屋内粗糙的家具、土炕、布围墙、土块砌成的书架和一部老式的手摇电话机,就是他漫长一生物质生活的全部。它无言地表达着一个为精神事业而活着的人的物质观。

一次,日本创价学会的名誉会长池田大作,向这位将一生都献给敦煌的常书鸿提出一个问题:

"如果你来生再到人世,你将选择什么?"

常书鸿的墓碑永远矗立在敦煌大漠中

常书鸿答道:

"我不是佛教徒,不相信转生,但如果真的再一次来到这世界,我还是'常书鸿'。"

常书鸿于1994年6月23日辞世。他的骨灰埋葬在他中寺故居的小院里。但人们在莫高窟对面的大漠上为他竖立一块墓碑。碑石是黑色的,在黄沙万里的背景上,沉静而醒目。他好像永远伫立在那里,守候与保卫着敦煌。这黑色的墓碑又像是敦煌史的一块界碑。它严格地分清耻辱的过去与自尊的现在,黑暗的往昔与明媚的未来。人们崇敬以常书鸿为代表的敦煌保护者们。尊称他和他们为:

敦煌的保护神。

敦煌
DUNHUANG
TONGSHI
痛史

无际无涯敦煌学

> 敦煌学的研究，是世界了解中华文明的一条途径

对敦煌的保护与研究，在20世纪下半个世纪，便得到巨大发展。

1951年，敦煌艺术研究所更名为"敦煌文物研究所"。它标志着对敦煌莫高窟的认识，已走出单纯的美术范畴，而把它当作一座中华文化的宝库来对待了。这期间对敦煌莫高窟的研究，一方面与丝路沿线的各个石窟（敦煌以东的麦积山石窟、炳灵寺石窟、马鞍山石窟和敦煌以西的克孜尔石窟、土木库拉石窟、伯孜克里克石窟等等）的研究联系起来，这便从纯美术扩展到人类文化交流；一方面则是与敦煌遗书的研究结合在一起，从而使思维视野更加恢宏与深广。

观世音菩萨像·英国不列颠博物馆藏

自 50 年代始，一批又一批大学毕业的高才生奔往敦煌。他们不再像 40 年代那样一色的画家，而是历史、考古、宗教、建筑、文化等各专业的人才。敦煌研究便朝着多学科纵深又迅速地发展开来。

敦煌研究——由于它本身的历史文化内容所决定，它内涵浩博，架构宏大，学科庞杂，综合性又极强。在敦煌研究初始之时，陈寅恪凭着他的学识与敏锐，提出了"敦煌学"的概念。经过半个世纪中外学人的努力，敦煌学早已形成，并得到蓬勃发展；敦煌学这个词汇已然出现在英语中，这表明它已成为一门国际性的"显学"。

在西方，对敦煌学研究处于领先位置的是法国。早在伯希和时代，那些搬到法国国立图书馆的珍奇的敦煌写本，就成了伯希和拥有的第一手研究资料。他擅长的汉、藏、回鹘、粟特语言以及梵文，正好在敦煌遗书中得到发挥，并使他成就显赫。他的研究偏重对这些文献的考证、梳理、著录和编目。从他的弟子戴密微开始，便转入视野广泛又具专题性的研究。法国的敦煌学者人才雄厚，代不乏人，水平很高，著作也多。在英国，对敦煌遗书的研究稍迟了一些，这主要由于斯坦因的中文不行，早期的遗书整理工作，主要是借助了法国学者

沙畹和马伯乐。60年代,英国人追赶上来。其中魏礼和威切特的研究,达到了国际敦煌学的前沿水准。俄国人在1957年建立起一个专门的敦煌研究组,对敦煌学的研究列出了计划。俄国学者孟列夫和丘古耶夫斯基的研究著作,在国际学术界颇具影响。

在西方,开展敦煌学研究的国家还有美国、丹麦、挪威、瑞典、加拿大、匈牙利、澳大

弥勒菩萨像·日本清凉寺藏

利亚等国；在东方，则有日本、印度、韩国、新加坡等国。

日本人深知，在自己的孩提时代，世界给予他们的文明输送线就是丝绸之路，所以他们一直对丝路心存感激，对敦煌情有独钟；他们的敦煌学也就分外兴盛。早在伯希和在六国饭店将一些敦煌写本展示给罗振玉等人时，日本人中庆太郎就及时拜见伯希和，并撰文在《朝日新闻》上介绍这一重大的文化事件。日本的敦煌学几乎是与中国同时起步的。

日本的学术界也和中国一样，派学者到英法的博物馆抄录与研究那里的敦煌遗书。一百年来，日本人对敦煌学的研究有很强的持续力。尤其20世纪80年代，新一代日本学子成立了"青年敦煌学者协会"，生机勃勃，成绩显著，出版极丰。敦煌学在日本方兴未艾。

敦煌学在我国经几代学者的努力，已被拓展成十几个领域，包括语言、美术、文学、史地、宗教、民俗、民族、建筑、舞蹈、科技研究等。每个领域还包括许多小领域。比如敦煌美术，就包括壁画、彩塑、窟式、图案等。单是壁画又分各个时期，各类题材、各种手法等专题研究。愈小愈细，愈细愈深。而各个领域和学科之间又有交叉性研究课题。比如民族与美术、民族与宗教、宗教与乐舞、中西交流与乐舞，等等。

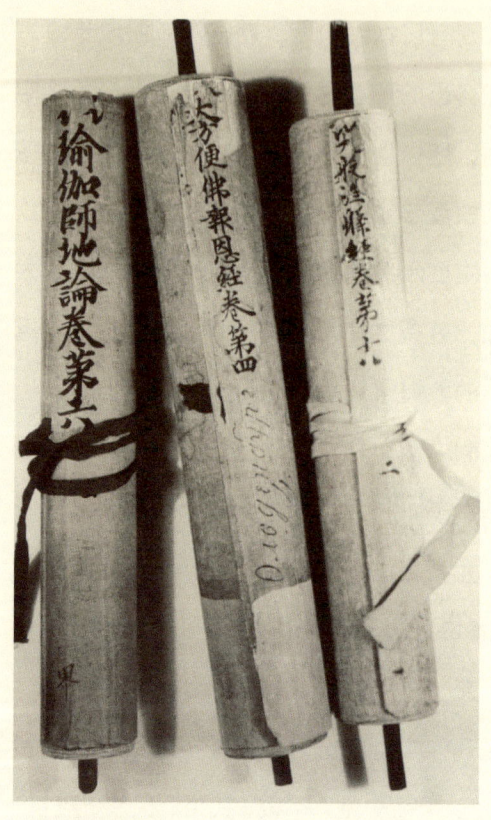

❀ 俄藏敦煌文献《瑜伽师地论》等经卷

这就交织成一个巨大的学术网络,形成辽阔的敦煌学。而在这个浩如天空的学术天地中,我们已有众多的一如繁星般的学者,不断闪出他们成果的光芒。

中国的敦煌学与西方不同的是,西方学者偏重对藏经洞文献的研究，而对石窟艺术研究甚微。其中很大的原因是西方人对中国绘画的陌生。在这方面，日本人由于在文化上源自中国，日本的绘画和雕塑与中国一脉相承，故而他们在石窟艺术的研究上颇有成就。

自张大千、常书鸿、段文杰等几代人的努力，敦煌石窟艺术的总体情况基本摸清。敦煌石窟——包括莫高窟、安西榆林窟、东千佛洞、西千佛洞和肃北五个庙，内有彩塑三千余身，壁画五万多平方米，如果按两米高排列起来，可以延绵二十五公里。有些洞窟，在一代代重修时，往往将上一代的壁画覆盖，已知有的洞窟的壁画竟覆盖着三四层。外边的是宋代，里边的是唐代，再里边的是南北朝的。如果全剥离出来，谁知会有多少壁画，有多少惊世的画面！

敦煌壁画上至魏晋、下至元代，其间历时一千余年。画中的内容，既是佛陀世界所有传说、轶事、经义的图像，又是世间生活无所不包的再现；既有一切神佛变幻不已的绣像，也有各朝各代各个阶层人物形形色色的写照。人物形象千千万万，事物形象万万千千。许多在史书上弄不懂的事情，许多物源的线索，许多缺乏实证的生活细节，在这里都可以直观地看到和发现。至于各个时代绘画风格的更迭与技术的

🏵 复制是保存壁画的方式之一

嬗变,更是缤纷幻化,灿烂夺目。面对莫高窟,我们都会感叹道——说不尽的敦煌!

如今中国的敦煌学界已有一批学者,开始对敦煌石窟艺术进行断代研究和专题研究。每年都出版许多精美的图书,展示研究领域中的新收获。

中国的敦煌学者知道,将石窟艺术与敦煌遗书放在一起,综合研究,不仅可以互补,还可以开拓更广阔的学术空间。

同时,对敦煌保护工作的研究,也是中国敦煌学者的独有的课题。敦煌石窟的保护,包括防治沙害和水害、岩体加固、清除霉菌、治理酥碱、保温保湿、壁画修复等多项专门性工作。自20世纪40年代以来,敦煌研究院逐步建立起相应的部门,现已具有各类专家,负责各项保护工作的科研与实施。采用现代高科技来进行保护,是今后的必然趋势。敦煌研究院正与一些国家合作,已经获得了广泛的世界性的支持。

1983年,中国敦煌吐鲁番学会成立,1985年敦煌文物研究所更名为敦煌研究院,我国敦煌学进入了一个新的历史阶段。为了拓展与深入敦煌学研究,自1983年以来,我国差不多每两年举办一次国际学术研讨会,为中外敦煌学者的交流创造空间。

敦煌学的研究,也是使世界了解中华文明并为西方人感兴趣的一条途径。然而,敦煌学不仅是中国的,也是世界的。敦煌作为人类文明交流史上的一个至关重要的、遗存浩瀚的文化遗址,对它的研究有益于人类的未来。

历史是属于过去的,但有益的历史我们必须重新拥有。

敦煌
DUNHUANG
TONGSHI
通史

敦煌完璧待何时

> 文物只有在它发生过的本土上,才是活的,才更具认识价值

自藏经洞发现至今,整整过了一百年。

在本书中,我们已经把这百年的历史重新回顾了一遍。它有如此伟大的发现,如此辽阔的宝藏,如此坎坷多难的经历与命运,在中外文化史上都是绝无仅有的。

在这百年的历史中,一些极其奇特的人物成了它的主角。既有斯坦因、伯希和、橘瑞超、华尔纳,也有蒋孝琬、王道士、叶昌炽、汪宗瀚和何彦升。这些人物共同创造了这一文化史上一连串跌宕不已的大悲剧。每个人物的后边都是一片值得深思的背景。殖民主义的掠夺性考古,文明失落后的无知,权力层对文化的漠视,催化愚昧的贫穷,丧失文化良心

的文化汉奸，都是造成悲剧的真正根由。只要这些根由存在，文化悲剧就在所难免。

幸好历史还算公平，同时又推出了罗振玉、向达、张大千、常书鸿等这些称得上"文化脊梁"的人物。他们以今天的人难以想象的艰辛的文化行动，将敦煌从魔鬼与死神那里夺回到人间。

然而，每当面对敦煌，我们却依旧愁眉不展。这是因为，百年来那一段文化瓜分的历史至今未有完满的终结。敦煌遗书在20世纪四分五裂，到了21世纪却依然如故。搬走的壁画、绢画和雕塑，至今一件也没有返还回来。每当我们谈起敦煌，我们内心的感觉仍是支离破碎。历史的伤口没有愈合，还在疼痛，还在淌血。藏经洞出土的文献约为五万余件，留在我国的仅为一万五千件，在海外为三万五千件——

伦敦印度事务部图书馆两千件；

英国大英图书馆东方写本部一万三千七百件；

法国巴黎国立图书馆六千件；

俄罗斯科学院东方学研究所圣彼得堡分所一万两千件；

日本大谷大学三十八件、龙谷大学七件；

其他分散在美国、芬兰、瑞典、奥地利、土耳其、韩国等地。

藏经洞绘画作品一千余件主要在印度、英国和法国。

敦煌壁画二十六平方米,在美国哈佛大学福格艺术博物馆。

敦煌雕塑四尊,分别在美国与日本。

人类在千年以前的文化交流中,共同创造了丝绸之路上的敦煌;在百年以前又一起瓜分了敦煌,人类到底是进步还是后退了?

20世纪的后半叶,西方的学术界为他们非法取得敦煌文物辩解。或说斯坦因是藏经洞文献甚至是

金刚力士像·英国不列颠博物馆藏

引路菩萨图（盛唐）·英国不列颠博物馆藏

🪷 莫高窟第 194 窟力士像（唐）

敦煌
DUNHUANG TONGSHI
痛史

莫高窟的发现者,或说是他们用钱买到手的一种"公平交易",或说他们出于保护的目的,为了怕这些珍贵文物免于灾祸。真是愈说愈荒唐。这话不是等于说:"你的宝贝放在你家不安全,不如放在我家更好。"那么如果我们说:"现在我的家很安全了,你们应该把东西送回来了。"那又该怎么办?

在整个20世纪,西方人在殖民地国家拿取文物,似乎都是一件很正常的、天经地义的事。这些人即使在心理上偶尔出现的一种不道德的自我感觉,也被当时所向披靡的西方中心主义平衡了。由于这种殖民主义,还有战争、内乱、走私,以及一些殖民地没有自己的文物保护法,再加上那里的人民缺乏文化自觉,一些重要的文明遗址遭到破坏,文物流失严重。于是历史就把一个很糟糕的局面留给了21世纪?看看如今地球村上的人,能不能超越先辈的谬误,还文明以文明,使过往的伤痕累累的历史得到安宁?

文物归还,除去文物主权的这一层意义之外,还有一层,就是文物——特别是重要文明遗址的文物,有其不可移动的性质,它们天经地义属于自己的本土。它是那一方水土的精髓,是历史生命活生生的存在,是它个性经历的不可或缺的见证。文物只有在它发生过的本土上,才是活的,才更具认识价值。这就是说,人类的一切文明创造,都有它自身的完整性,都有它不可移动与不被肢解的权利。这权利是神圣不可侵犯的。它是文明的尊严,也是人类的一种尊严。

谁先认识到这一点,谁先步入文明。

刻下,一些欧洲国家不是已经开始交换二战中相互劫去的文物吗?这应被视为告别野蛮、自我完善、走向文明的高尚行为。因为,当今的人们已经深知,文明遗址中的文物不是一种变相的财富。谁把它当作财富来占为己有,谁就亵渎了文明本身。站在这个文明的高度上说,谁拒绝文物归还原主,谁就拒绝了文明。

用掠去的文物来装点自己,不表示自己拥有文明,只证明自己的野蛮。

对于敦煌遗书来说,它本身更是一个不能割裂与分解的文化整体。如今,它绝大部分流散世界四大洲十几个国家,相隔一个世纪,有的至今尚未有科学和系统的整理,有的甚至情况不清,下落不明。敦煌学本身的发展受到了极大的阻碍。我们至今被历史愚弄着。这个文明的悲剧,实际上仍在被漠视着,隔置着,延长着。

然而,我们的心却仍像当年的罗振玉、张大千、常书鸿一样焦迫!

从今天的世纪高度看,这桩没有了结的敦煌公案,不仅是敦煌——也是人类文明犹然沉重的一段未了的伤心史。因此,今天我们不是仅仅为了捍卫文物的主权,而是为了捍卫文明的尊严,来呼吁和追讨敦煌文物。那就不管别人是不是觉悟,我们都要不遗余力地呼吁下去,催其奋醒,重返文明。直到敦煌文物归还故土,世界各大文明遗址流散的文物全都物归原主,我们才能踏实地说:地球人类真的文明和进步了。因为人类的进步和前提,就是不再重复过去的谬误。

关于敦煌样式

——为纪念藏经洞发现百年而作

一

在我中华博大和缤纷的壁画宝库中,敦煌壁画特立独行,风格殊异,举世无双。它既与中原壁画,无论是寺观还是墓室壁画的面貌迥然殊别;亦与西域各窟的画风相去甚远。这区别不仅是文化意蕴的不同,地域风情的相悖,更是一种极具个性的审美创造。只要我们的目光一触到敦煌的画面,心灵即刻被它这种极其强烈的独特的审美气息所感染!从艺术上说,敦煌壁画是东方中国乃至人类世界一个独有的样式,这便是敦煌样式。如果我们确定这一个概念,我们就会更清

敦煌
DUNHUANG TONGSHI
痛史

晰地看到它特有的美，更自觉地挖掘其无以替代的价值，并甘愿被征服地走入这种唯敦煌才富有的艺术世界中去。

然而，敦煌样式源自何处？它经历了怎样的形成过程？哪些是它的审美特质？谁又是它的缔造者？

写到这里，我便感到自己已然置身在一千年前茫茫戈壁滩那条响着驼铃的丝绸古道上了。

二

在海上丝路开通之前，中国面向外部世界的前沿在西部，其中一扇最宽阔的大门便是敦煌。博大精深的中华文明自神州腹地中原喷涌而出，经由河西走廊这条笔直的千里通道，穿过敦煌，向西而去，光芒四射地传布世界。同时，源自西方的几大文明，包括埃及文化、希腊文化、西亚文化，以及毗邻我国的印度文化，亦在同一条路线上源源不绝地逆向输入进来。东西文化的交汇与碰撞，便在这里的大漠荒滩上撞出一个光华灿烂的敦煌。

然而，敦煌却不是东西方文化的混合物与化合物，也不是多种文化相互作用后自然而美丽的呈现。它有一个主体，

🪷 莫高窟第 45 窟唐代塑像

就是中华文化。我们可以从莫高窟壁画史清晰地看到外来文化——主要是佛教文化和希腊化的佛教艺术渐次中国化的奇妙过程。但是中华文化只是一个大主体。它中间还有一个具体的强有力的地域性的文化主体，便是敦煌一带的历史主人——北方少数民族。

北方民族在中国历史上一直扮演着重要的角色。从秦代到清代，统一的王朝总共有七个朝代，其中有两个朝代——蒙古族建立的元朝和满族建立的清朝就是北方民族政权。这两个朝代在中国历史上共占据了四百二十九年，但这还只是少数民族入主中原建立的政权。如果再算上一些少数民族在

雅丹地貌·孔雀

北方割据性的地方政权,他们在中国历史上发挥重要作用的时间至少六个半世纪。如果单说敦煌,它可从来就是北方民族专用的历史舞台了。

敦煌内外,除去祁连山和天山两大山脉,余皆一马平川的荒漠与渺无人迹的沙海;这里,骄阳似火,寸草不生,了无生息,寂寥万里;然而强烈的阳光却融化了山上的积雪,晶莹地渗入山脚的荒滩与沙碛,形成一个个鲜亮耀眼、充满生气的绿洲。这便成了游牧民族生息与繁衍的地方。自先秦的戎、羌、氐、大夏,到两汉时期的塞人、胝人、匈奴人、乌孙人,都曾轮流地称霸于此。在莫高窟的开凿期,柔然鲜卑和铁勒突厥就是在这里当家的主人。而整个莫高窟的历史中,吐蕃、党项、回鹘、蒙古,都曾做过敦煌的统治者。中国的古城很少有敦煌这样的多民族都唱过主角的斑斓的经历。艺术是生活最敏感的显影屏。我们自然可以从莫高窟的壁画上找到这些昔日的主人们形形色色奇特的音容笑貌、精神气质,以及他们独有的文化。

首先是洞窟唯一的写实人物——供养人,照例一律都是当时流行的装束与打扮。于是,我们便能看到这些北方各族虔诚的信徒,侍立在他们所敬奉的神佛一侧最真切的模样。倘若仔细端详,在不同民族称雄敦煌的时代,那些神佛的形象也微妙地发生了变化。人们信手画出的人物,总是与自己所熟悉的、民族的、国家的乃至地域人的容貌相似。故此,这些神佛的面孔往往也带着自己民族的印记。比如西夏时代那些长圆大脸、高鼻细眼、身材健硕的菩萨,倘若换上凡人衣履,干脆就是纵马狂奔的强悍刚猛的党项族的壮汉。

这样,无论是鲜卑、吐蕃、党项,还是回鹘与蒙古,都曾给敦煌带来一片崭新的风景,注入新的活力以及独具的文化内涵。习惯于绕行礼佛的吐蕃人,不仅带来一种在佛床后开凿通道的新型窟式,带来了《瑞象图》,带来了日月神、如意轮观音和十一面观音,更带入了藏传佛教文化;党项人

敦煌

DUNHUANG TONGSHI

痛史

🪷 沙漠中的风暴

不单给敦煌增添神秘的西夏文字、龙凤藻井和绿壁画，更是注入了一种带着女真族和契丹族血型的西夏文化；在敦煌听命于蒙古人的时代，窟顶上布满的庄重肃穆的曼陀罗只是一种异族风情的表象，关键是这一时期，忽必烈为莫高窟进一步引进了源自印度，并被藏族发扬光大的密宗文化。

　　北方民族之所以都为莫高窟做出贡献，是由于他们大都信奉佛教。他们身在华夏之西端，最先接受外来的佛教并将其中国化。在酷烈和恶劣的自然环境里，这些游牧性质的民族，生命一如荒原上的飞鸟走兽，危险四伏，吉凶未卜。对命运的恐惧时时都在强化着他们对神灵的敬畏与企望，信仰便来得分外虔诚。这一份至高无上的心灵生活就被他们安放在莫高窟中。尽管敦煌的权位常常易主，莫高窟却永远是佛陀的天下。在这里，人最绝望的痛苦——死亡得到了最美好的解释，世间的折磨得到抚慰，不安的灵魂归宿于绝对的宁静。这佛陀的世界不是上古时代各族先民们共同的理想国吗？

同时，共同的理想也在融会着他们彼此相异的文化，而这最深刻的融会成果，是凝结成一种文化精神。

那么在这个层面上，我们所要注意的不再是壁画上各个民族特有的形象、方式与文化符号，而是他们共同的一种气质。不论他们各自是谁，他们全都在河西、西域，以至连同中亚的广阔而空旷的大地上奔突与驰骋。他们和他们拥有的马群与羊群混在一起，追逐着鲜美的青草与甘洌的溪水，以及丝绸之路上的种种机遇，从而获得生命的鲜活与民族的延续。他们彼此之间一直是一边友好交往，一边为夺取生存条件而相互厮杀；相互依存又相互对抗，相互学习又相互争夺；他们的精神彼此影响，性情彼此熏染，热辣辣并虎虎生气地混成一片。相异的历史形成他们各自的风习，相同艰辛的生活却迫使他们必备同样的气质，那就是：勇猛、进取、炽烈、浪漫、豪放与自由自在。

就是这种北方各民族共有的精神气质与文化特征，形成了敦煌样式深在的文化主体。

三

北方民族的这种文化主体，不是一种实体性质的文化。它不具备中原的汉文化那样的系统性和完整性，也不像汉文化吸纳外来文化时，表现出那么清晰和有序的演变过程。但是作为北方民族一种共有的和整体的精神气质，却顽固地存在着。不管来自域外或中原的文化如何强劲，这种精神气质却依然故我。

从莫高窟历史的初期看，域外文化与中原文化的影响总是交替出现。有时是由西域石窟直接搬来的域外面孔（如北魏和北周一些洞窟的彩塑与壁画），佛之容颜全是外来的"小字脸"；有时则是本地魏晋墓室壁画固有的那种中原作风（如西魏和隋代的一些洞窟壁画），连佛本生的故事看上去都像中原的传说。但是，即使在这一时期，我们也能看到两条脉络：

一是中华文化主体的渐渐确立；一是西北民族的主体精神渐渐形成。若说中华文化，即是世俗化、情感化、审美的对称性，雍容大度的气象，以及线描；若说西北民族的精神，则是浪漫的想象、炽烈的色彩、雄强的气质、辽阔的空间，还有动感。

敦煌样式的形成与成熟是在莫高窟的鼎盛期——也就是从初唐到盛唐。到了这个时期，中华文化的主体牢牢确立，西北民族精神气质从而成了敦煌的主调。

这首先应归功于大唐盛世。当大唐把它的权力范围一直扩展到遥远的中亚，客观上敦煌就移向了大唐的文化中心。唐代是中原的汉文化进入莫高窟的高潮，从儒家的入世观念到艺术审美方式，全方位地统治并改造了莫高窟的佛陀世界。

只有自己的文化处于强势，才能改造乃至同化外来文化。对于外来的佛教来说，中国化就是文化上的同化。所以佛教的中国化和佛教艺术的中国化，都是在大唐完成的。这个中国化的结果便是敦煌样式的形成。但关键的是，确立起来的敦煌样式极其独特，它与中原的大唐风格全然不同。如果把莫高窟第45窟的壁画与陕西乾县章怀太子墓和永泰公主墓的壁画相比较，竟有天壤之别，完全是两种不同的模样！这不仅是儒家和佛家境界的区别，绘画传统与审美习惯的差异，更是汉族与西北少数民族的精神气质的迥然不同。

应该说,在强盛的大唐文化熔化了莫高窟,并且进行再造的同时,西北民族把自己的精神溶液兑了进去。这样,如果我们再去看榆林窟3窟的《普贤变》与莫高窟3窟的《千手千眼观音》——这两幅标准的地道的中原风格的壁画,反觉得它们有些异样。尽管这两幅中原式的壁画当属超一流的杰作,但它们身在敦煌,却好似孤立在外,缺乏敦煌壁画一种特有的东西——那种独一无二的敦煌样式与敦煌精神,还有敦煌的冲击力和魅力。

四

在莫高窟作画的画工总共有多少人?从来无人计算,也无法计算。敦煌石窟的历史上下千年,壁画的面积四万五千平方米。历代画工的总数自然是成千上万。他们都是从哪里来的哪个族的画工?来自中原还是西域乃至遥远的印度,抑或是本地的丹青高手?回鹘族,党项族,藏族,蒙古族,还是汉族?在漆黑的洞窟中,偶然被我们发现的写在壁画上的画工的名字,也不过十来个而已。从这些由画工们作画时随

🪷 为保护莫高窟而建立的防沙网

手写上去的自己的姓名看,如雷祥吉、温如秀、史小玉等,多半是汉族;但平咄子、汜定全等显然是北方民族的画师了。这些奇特的姓氏在中原是绝对见不到的。

从河西到西域那么多石窟,壁画的需求量极其浩大。而且它们地处边远,绝少人迹。在那个最多只有驴马和骆驼代步的中古时代,绝不会有大批中原画家来"支边"。故此敦煌的画工主力一定源自本土;既有汉族的,也有各少数民族的。北方民族的画工对于敦煌的意义,是他们亲手用画笔来把自己的人生梦想与审美追求形之于洞窟中。至于那些生活在当地的汉族画工,也自会去努力投合本地的窟主——那些富有的供养人的习惯与偏好。这在客观上,就与北方民族画

敦煌痛史
DUNHUANG TONGSHI

▲ 通往榆林窟的必经之地——锁阳城遗址

工的精神风格"主动地"保持一致了。

然而,这个由始以来就处在东西方文化交汇处的敦煌,对外来的新事物一直保持着高度的敏感与好奇,很少保守和排斥。从不断进入莫高窟的东西方的两方面的画风看,来自西域乃至印度的风格一直是固定不变的,而来自中原的画风却常常随同时代的更迭而花样翻新。这些变化在洞窟中留下划时代的美的变迁。但是由于供养神佛的窟主往往是西北民族，画工常常又是西北民族，中原文化进入莫高窟的同时，便被改造了，变成一种"敦煌"味道的壁画。在文化的传播中，只有被当地改造并适应当地的文化的才能驻留乃至扎下根来。这便是敦煌样式形成的深层过程。

等到敦煌样式真正成熟之后，后代画工便会自觉或不自觉地依循这个样式来作画。即使是最优秀的中原绘画技术，如唐代的大青绿画法、宋代的山水技法以及唐宋人物画的线描技法等，也不能取而代之，必须以迎合的姿态融会其中。至此，敦煌的样式才是真正的独立于天下。

五

我们若用西北民族的精神语言去破译敦煌，一切便豁然开朗。

敦煌艺术的冲击力，首先来自那些在大漠荒原上纵骑狂奔的西北人不竭的激情。这激情在洞窟内就化为炽烈的色彩和飞动的线条，以及四壁和穹顶充满动感的形象。比起山西永乐宫、河北毗卢寺、北京法海寺、蓟县独乐寺那些中原壁画，后者和谐雅丽，雍容沉静；前者浓烈夺目，跃动飞腾；神佛也都富于表情，个个神采飞扬，不像中原壁画中的那些面孔，大多含蓄与矜持。至于在敦煌壁画上处处可见的飞天，则离不开西北人对他们头顶上那个无限高远的天空的想象。那里的天宇，比起中原内地，辽阔又空旷，浩无际涯，匪夷所思；在这中间，再加上他们自由个性的舒展，佛教中的乾闼婆和紧那罗，便被他们发挥得美妙神奇，变化万端。他们还把这神佛飞翔的天空搬到洞窟里来，铺满窟顶；世界上任何石窟的穹顶也没有敦煌这样灿烂华美，充满了想象。西北人如此痴迷于这窟顶的创造，是否来自他们所居住的帐篷里的精神活动？反正那些源自印度犍陀罗窟顶的藻井，早已成了西北民族各自心灵的图案了。

习惯于迁徙的西北民族，眼里和心中的天下都是恢宏又浩大。为此，在华夏的绘画史上，他们比中原画家更早地善于构造盛大的场面。兴起于隋代和初唐的《阿弥陀净土变》《观无量寿经变》和《西方净土变》，展现的都是佛陀世界博大又灿烂的全貌。我们暂且不去为画工们的构图与绘画的杰出能力而惊叹。在此，我们应该看到的是，这种对理想天国热烈和动情的描绘，恰恰表现了在艰辛又寂寥的环境中生存着的西北民族的精神之丰富和瑰丽!

饱满华美,境界宏大,充满激情,活力沛然,想象自由,情感浪漫,以及它无所不在的动感与强烈的装饰性,都是西北民族的整体个性的鲜明表现。它对外来文化的好奇与吸纳,表现了地处中华丝路前沿的人们对文化的敏感性;它种种图案乃至花边与花饰,虽然各有特色,并都是各民族自己的文化符号,但在汉人眼里他们却是同一种异样的形象;至于敦煌壁画分外有力的流动感与节奏感,叫我们联想到那些响彻从中亚到我国西北的那些异域情调的胡乐。敦煌不是浓浓地浸透着这种西北民族独有和共有的文化吗?

一般看上去,西北民族比较分散,各有各的历史及民族特征,谁也没在敦煌石窟中形成自己的气候。而且它们又处在中原文化强势的笼罩中。这样,我通常只把敦煌艺术当作中华文化中的一部分,最多仅仅是带着一种地域风格而已。

现在应当确认,敦煌艺术是中华文化的一部分,但它不是一个派生的和从属的部分,而是其中一个独立的艺术样式与文化样式。对于丝路上东西方的文化交流,整体的中华文化是敦煌石窟的文化主体;对于中华文化范围内各个民族和各个地域之间的多元交流,西北民族是敦煌石窟的主体。只有我们确认这个主体及其独具的样式，我们才是真正读懂艺术的敦煌。

元代的敦煌留下一块古碑，它刻于元至正八年（1348年）。名为"六字真言碑"。所谓六字真言碑即碑上所刻"唵、嘛、呢、叭、咪、吽"六字，分别为汉文、西夏文、梵文、藏文、回鹘文、八思巴文六种文字。这六种文字在当时都是通用的。

石头无语，文字含情。它无声却有形地再现了敦煌当时生动的文化景观。那就是西北民族在历史舞台上的活跃与辉煌。

站在这个意义上，我们就会更自豪地说敦煌艺术天下无双。

六

促使本文写作冲动的直接缘故，当是书中这些迷人而珍奇的照片。这些堪称佳作和力作的照片，全都出自摄影家吴健之手。穿过他那个"非常专业"的摄影镜头，我们强烈地感受到大西北雄奇的风物和灿烂的历史创造，并且不知不觉沿着他的摄影路线往下走去——我们始发于唐代故都西安，途经扶风天水，翻越崆峒六盘，直穿河西走廊，抵达安西敦

🪷 榆林窟西崖风光

煌,再出阳关玉门,远涉西域诸城……这样一路下来,已是满目璀璨;处处山水,别有奇丽,人文风景更是异变无穷。我忽有所悟,这路线不正是当年张骞、法显、朱士行和玄奘的西行之路吗?待要从中寻找上古先贤们那些英雄般的足迹时,又有所悟,吴健这一路所拍摄下来的遗址与石窟,不就

敦煌
DUNHUANG TONGSHI
痛史

是昔时东西文化交流留下的一个个清晰的见证吗?

在这些照片上,风物仅仅是自然环境,人文历史才是它的主题。稍稍留意,就会发现,吴健的摄影路线就是依循着千年之前东西文化往返传播的路线。当我们的想象在这条路线上缤纷地展开时,吴健才不慌不忙地为我们捧出了美丽的敦煌。没有辽阔的横向视野,就没纵向深入的思维的穿透力。显然,吴健的镜头里有一种大气磅礴的历史观。

也许由于我从事创作的习惯,画面形象最能调动我的灵感。我一看吴健这些表现西域和河西的空间浩博的照片,眼前即刻全是纵骑狂奔的西北民族轮廓坚硬的面孔。比起对敦煌样式的本质认识得更早,就已经从石窟中看到了那种属于西北民族的剽悍又浪漫的精髓了。

谁的摄影作品能启发这种理论思考?

吴健首先是一位颇具才气的摄影家。他天性豪爽重义,又耽于思索。大西北这片无边无际的荒沙大漠,正契合了他放达又含蓄的天性。在这片天地里,没有复杂的构成,没有过多的细节累赘,没有暧昧的光线。它开阔、明朗、流畅,又宁静、清纯,有时还略带一点忧郁;这既是西部的风格,也是他作品的风格。两种风格的重合——也许正是这位出生内地的摄影家,偏偏定居在千里之外的边地敦煌的真正缘故。

然而,这位供职于敦煌研究院的摄影家,又是一位敬业的敦煌文化工作者,他那终日在壁画上流连的镜头,不仅是对美的寻觅和记录,更追求一种发现。这发现不仅仅停留在壁画表层,还进入思考的深层。这样,他才奔波万里,历尽辛苦,为我们拍摄下相关于敦煌的浩瀚的版图,使我们能从中认识敦煌更巨大与深在的价值。

那么,读者从中是否也会另有心得与发现?吴健和我,都期待着。

莫高窟第 130 窟大佛（盛唐）

为了文明的尊严
——关于敦煌文物的归还

敦煌藏经洞发现的百年纪念日即将到来。于是，一个中国文化界无法放下的问题，再次焦迫地摆在面前：敦煌文物何时归？

敦煌藏经洞是 20 世纪中国乃至世界最重大的文物发现之一，同时也是最富悲剧性的。三万多件珍贵文物，流散到十多个国家。这是有史以来出土于一地的文物，经受的最惨重的一次文化瓜分。

然而今天，对于敦煌文物的物归原主，我国文化界却依然忧心忡忡，并不乐观。不大相信当初把敦煌文物弄出中国的那些国家，眼下会回心转意，把东西送回来。因为近三十

敦煌
DUNHUANG TONGSHI
痛史

<svg>❀</svg> 日本探险家大谷光瑞

年，他们对此的各种强辩与巧辩说得实在太多，这表明他们对敦煌文物的占有欲强烈依旧，没有任何松动与超越前咎的觉悟。

在藏经洞被发现了一个世纪的今天，历史已经没有秘密。藏经洞发现史与蒙难史的所有细节，都明明白白写在纸上，任何辩驳皆无意义。然而，我们还是要强调如下的事实：

一、藏经洞的发现者是敦煌道士王圆箓，时间是1900年6月22日。

二、最早认定藏经洞文物价值的是甘肃学台、金石学家叶昌炽，时间是1903年。

三、1904年3月，敦煌县令汪宗瀚对藏经洞文物进行一次调查后，遂命令王圆箓将文物就地封存。这是正式的政府行为。

🏵 吉川小一郎从我国西部运走大量的文物

四、英国人斯坦因于 1907 年 3 月 16 日，法国人伯希和于 1908 年 2 月 25 日，前后抵达敦煌莫高窟。他们都是先得知藏经洞有珍贵文物出土，随即直奔文物而来，并都以少许银钱买通文物看守人王圆箓，启封取走大批珍罕绝世的敦煌文物，运回各自国家。随后是日本人大谷探险队的吉川小一郎和橘瑞超，以及俄国人奥登堡等。

这里之所以要强调这一连串事实的细节，是要说明——斯坦因和伯希和不是敦煌藏经洞文物的发现者。他们是在藏经洞文物被发现和被封存之后，设法将其启封取走的。可能有些人被当年伯希和在洞中翻阅敦煌遗书的那帧照片所迷惑，以为那是在进行考古发掘。但相反——那绝不是在发掘现场进行考古鉴定，而是为了取走文物而做的识别性筛选。这一点，必须认清。

我们承认斯坦因和伯希和是两位优秀的考古学家，伯希和还是一位天才和罕世的法国汉学家。他们对敦煌学的确立都做出了历史性的贡献。特别是伯希和，他与斯坦因的不同之处是，斯坦因第二次探险的目的，是割取莫高窟壁画，只不过因那里的佛教徒太多，他不敢下手。伯希和不但没有伤害壁画，相反对莫高窟进行有史以来首次的考古调查，而且学术意义很高。但还是要指出，即使是这样——即使在当时，他们取走敦煌藏经洞文物也是非法的。也就是说，他们对敦煌学的贡献与他们非法取走敦煌文物，是两件事，不是一件事，不能一概而论，应该分而论之。

当然，这行为在当时的西方看来，并没有什么不可以的。从18世纪中期到19世纪前期，西方中心主义的肆虐，有着所向披靡的殖民主义背景。这便使他们的考古狂潮从希腊顺利地越过地中海，将金字塔中法老的干尸，以及长眠地下的亚述、巴比伦、苏美尔和赫梯等古王国那些美丽的残骸，一

德国新疆探险队。中间一排由右至左为勒柯克、戈伦维德、巴图斯和胡特，他们到新疆探险四次，获取文物四百多箱，珍贵文书文献两万多件

个个搬到太阳之下，然后再搬到他们的国家，入藏他们的博物馆和图书馆中。跟着一路自西向东，进入了古老的印度和中国。殖民者从来无视殖民地的文化主权。这是那一个时代的偏执和荒谬，不是谁能避免的。故而长期以来，对于西方的学术界来说，殖民地的"土著"人自己的任何发现，都不算数；而他们之中第一个看到的才是发现者。在学术领域里，殖民地人自己的研究成果不能成立，这些成果最多仅仅是提供了一种素材性的参考，只有他们的研究成果才能得到学术

承认。故此,西方的一些著作总说斯坦因是敦煌文物甚至莫高窟的发现者,包括《大英百科全书》也这样写。斯坦因没到敦煌之前的一千多年,莫高窟一直有中国人在那里。难道它一直等候这位英国人来发现?而且斯坦因到了敦煌,拜见当时的敦煌县令王家彦时,王家彦对他常识性地讲了莫高窟的历史,还送给他一部《敦煌县志》,他才知道莫高窟由何而来。这也算一种考古发现?在这里,"发现"这两个字显然已超过考古学的意义。它似乎还包含另一层意思,即谁"发现",谁就是它的主人。就像儿童游戏那样,谁先看见就算谁的。如今,虽然殖民地时代已经过去,但这种源远流长的背景和根深蒂固的思维定式,仍然使今天的一些人不能走出那个荒谬绝伦的历史误区。这便是敦煌文物不能归还原主的最深在的根由。

然而,今天思辨这一问题,并非只是为了责怪过去,而是为了一种超越。

因为20世纪,人类文明遗存的处境实在艰辛。殖民主义掠夺、战争抢劫、盗窃走私,再加上一些殖民地缺乏严格的文物保护法,那里的人们又缺乏文化的自觉,致使不少文明遗址遭到破坏。文物从它的发生地流散各处,后果极其混

🪷 五个庙石窟的外景

乱，不少文明遗址已经支离破碎，失去了它所必需的完整性。

在世纪的交接中，接过 20 世纪这个糟糕的文物状况的新世纪应该怎么做？是承继 20 世纪那个谬误，还是纠正历史，还文明以文明？

1900 年，敦煌藏经洞出土的五万件文物，绝大部分是中古时代的文书。同一地点出土如此浩博和珍罕的古代文书，举世独有。而且它内涵无涯，包容恢宏，极大程度地囊括了那一时期中国社会及其对外交流的历史信息。然而，其中深刻的意义，只有当它置身于这文明的发生地，才能真正充满

🌸 吉川小一郎拍摄的莫高窟（1912）

感染力地显示出来。

　　文物——尤其是重要文明遗址和重大文化发生地的文物，都有着不可移动的性质。它们天经地义属于自己的本土。它是那一方水土的精髓，是历史生命活生生的存在，是它个性经历的不可或缺的见证。文物只有在它发生过的本土上，才是活的，才更具认识价值。这就是说，人类的一切文明创造，都有它自身的完整性，都有它不可移动与不被肢解的权利。这权利是神圣不可侵犯的。它是文明的尊严,也是人类的一种尊严。

谁先认识到这一点,谁先步入文明。

刻下,一些欧洲国家不是已经开始交换二战中相互劫去的文物吗?这应被视为告别野蛮、自我完善、走向文明的高尚行为。因为,当今的人们已经深知,文明遗址中的文物不是一种变相的财富。谁把它当作财富来占据为己有,谁就亵渎了文明本身。站在这个文明的高度上说,谁拒绝文物归还原主,谁就拒绝了文明。

1909年,伯希和将已经运出中国的敦煌遗书,选取若干带回北京,展示给我国学者罗振玉、蒋斧、董康、王仁俊等人。当学者们获知这些绝世珍奇已落入外国人手中,即刻展开一场义动当世、光耀千古的文化大抢救行动。学者们一边上书学部,敦促政府清点藏经洞的劫后残余,火速运抵京都;一边将这情况公诸国人,于是更多学者加入进来,对敦煌遗书展开迅疾而广泛的收集、校勘、刊布与研究。它显示了我国知识界实力雄厚、人才济济和学术上的敏感。随后,学者向达、王重民、刘复、于道泉、王庆菽等,奔往巴黎与伦敦去查寻和抄录那些遗失的宝藏。学者姜亮夫几乎倾尽家

努埃特拍摄的敦煌壁画

财,自费赴欧,去抢救散失在海外的中国文化遗产。他们一个字一个字地把流落他乡的敦煌遗书抄录回来。很多人一干就是多少年!这种强烈的文化责任感通过梁思成、张大千、常书鸿、段文杰,一直像圣火一样传递至今,照亮了中国的学术界和戈壁滩上灿烂的敦煌。可以说,近百年我国知识界的所有重要人物,差不多全都介入了敦煌!

敦煌的文化抢救是我国文化史上第一次抢救行动。它标志着中华民族在文化上的觉醒,显示了我国学术界高度的责

莫高窟第61窟(五代)

莫高窟第 61 窟五台山图（五代·局部）

莫高窟第220窟南壁西方净土变（初唐）

莫高窟第130窟都督夫人礼佛图（盛唐·临本）

任感和强烈的文化主权意识，以及一种浩浩荡荡的文化正气。同时，也表现出我国作为一个文明古国和文化大国，始终具备的文化高度。

20世纪初，我国著名学者陈寅恪有感于敦煌受难之惨剧，说出铭刻于敦煌史上一段著名的话："敦煌者，吾国学术之伤心史也。其发见之佳品，不流于异国，即藏于私家。兹国有之八千轴，盖当时唾弃之剩余，精华已余，糟粕空存，

🪷 莫高窟第 290 窟中心柱南向龛外菩萨（北周）

莫高窟第 285 窟东披（西魏）

则此残篇故纸，未必实有系于学术之轻重耳。在今日之编斯录也，不过聊以寄其愤慨之思耳！"

这痛心疾首的话，有如霜天号角，曾呼叫着当时国人的文化良心；又如低谷悲鸣，唱尽一代学人痛楚尤深的文化情怀。但余音袅袅，不绝如缕，依然强劲地牵动着我辈的文化责任。从今天的世纪高度看，这桩没有了结的敦煌公案，不仅是敦煌——也是人类文明犹然沉重的一段未了的伤心史。因此，今天我们不是仅仅为了捍卫文物的主权，而是为了捍卫文明的尊严，来呼吁和追讨敦煌文物。那就不管别人是不

敦煌莫高窟第 45 窟正壁龛彩塑（盛唐）

是觉悟，我们都要不遗余力地呼吁下去。催其奋醒，重返文明。先人创造的文明，是一种自发的文明，尊重先人的创造，才是一种自觉的文明。故而，只有在敦煌文物归还故土，世界各大文明遗址流散的文物全都物归原主，我们才能踏实地说：地球人类真的文明进步了。因为人类进步的前提，就是不再重复过去的谬误。

本书部分摄影图片为摄影家吴健、高德祥、
杜雨林、蔡义选所摄
特此鸣谢